Delicias Culinarias

TORMONT

© 1993 Tormont Publications Inc.
338 Saint Antoine St. East
Montreal, Canada   H2Y 1A3
Tel. (514) 954-1441
Fax (514) 954-1443

Concepción Gráfica: Zapp
Tipografía: Typo Conversion Plus inc.

Reservados todos los derechos.

ISBN 2-89429-321-6

Impreso en Canadá
Printed in Canada

Contenido

Entremeses

DIP DE AGUACATE

2¼ tazas

1	**aguacate maduro**
250 g	**queso crema o ricotta**
½ taza	**mayonesa**
1 c/da	**jugo de limón**
1 c/dita	**perifollo**
1 c/dita	**albahaca**
1 c/dita	**cebollinos**
½ c/dita	**sal**

Pele el aguacate, rebánelo y haga un puré. Acreme el aguacate con el queso.

Incorpore el resto de los ingredientes. Sirva con verduras, papas fritas, camarones, etc.

CHAMPIÑONES RELLENOS

36 bocaditos

36	sombreretes grandes de champiñones
¼ taza	mantequilla
¼ taza	queso crema a temperatura ambiente
¼ taza	carne de jaiba picada
¼ taza	camarones de pacotilla cocidos y picados
1	pizca nuez moscada
	sal y pimienta

Saltee los champiñones en la mantequilla a fuego máximo, alrededor de 3 minutos.

Bata el queso crema hasta que quede suave. Incorpore la carne de jaiba, los camarones, la nuez moscada y los condimentos.

Rellene cada sombrerete con un poco de la mezcla de mariscos; colóquelos en un molde refractario.

Cocine en el horno hasta que comiencen a burbujear.

BOCADITOS DE SALCHICHAS Y PIÑA

8 porciones

16	salchichas cortadas por la mitad y cocidas
32	trozos de piña fresca o enlatada
2 c/ditas	fécula de maíz
½ taza	jugo de piña

Ensarte las salchichas y los trozos de piña en palillos. Deje a un lado.

Mezcle la fécula de maíz con el jugo de piña.

Caliente en una cacerola a fuego lento hasta que espese.

Coloque los bocaditos en un plato y éste sobre un calientaplatos.

Vierta la salsa sobre los bocaditos.

ALMEJAS CASINO

24 bocaditos

2	**docenas almejas pequeñas limpias**
1	**huevo duro**
¼ taza	**mantequilla**
3	**cebollas finamente picadas**
½ c/dita	**orégano**
½ c/dita	**sal**
½ c/dita	**pimienta**
½ taza	**pan molido**
4	**tiras de tocino picadas**

Precaliente el horno a 200°C (400°F).

Saque las almejas de sus conchas. Guarde las conchas.

En un procesador de alimentos, pique en forma gruesa la carne de las almejas y el huevo.

Derrita la mantequilla en una cacerola y agregue la mezcla de almejas y las cebollas. Saltee hasta que estén blandas.

Mezcle los condimentos con el pan molido. Incorpore a la mezcla de almejas.

Coloque la mezcla en las conchas con una cuchara. Cubra con el tocino.

Hornee durante 20 minutos o hasta que estén doradas.

Sirva con salsa de chile.

BROCHETAS DE MARISCOS

6 porciones

6	**tiras de tocino**
12	**veneras**
12	**camarones pelados y desvenados**
12	**champiñones medianos enteros**
12	**tomates miniatura**
1 taza	**salsa teriyaki**

Corte las tiras de tocino por la mitad. Envuelva cada venera con un pedazo de tocino.

En cada brocheta, ensarte alternando 2 camarones, 2 veneras, 2 champiñones y 2 tomates.

Ase 5 minutos por cada lado untando con salsa teriyaki.

Sirva muy caliente.

VENERAS ROYALE

4 porciones

500 g	(1 lb) veneras frescas o congeladas
1 taza	vinagreta de ajo
1 c/da	leche
2	huevos batidos
½ taza	jamón cocido picado
½ taza	pan molido
2 c/das	queso parmesano rallado
	sal
	aceite
	salsa comercial de especias

Caliente el aceite a 190°C (375°F) en una freidora.

Ponga a macerar las veneras en la vinagreta durante 30 minutos.

Mientras tanto, combine la leche con el huevo batido y deje aparte.

Combine el jamón, el pan molido y el queso en otro tazón y sazone la mezcla con sal.

Escurra las veneras, páselas por la mezcla de huevo, empanice con el pan molido y fría hasta que doren ligeramente. Seque en toallas de papel y sirva con salsa de especias.

PUERROS HORNEADOS

4 porciones

8	puerros cortados en cuatro y lavados
1 c/da	jugo de limón
2 tazas	salsa blanca caliente
¼ c/dita	nuez moscada
⅓ taza	queso gruyère rallado
	sal y pimienta
1	pizca de paprika

Precaliente el horno a 180°C (350°F).

Ponga los puerros en 2 tazas de agua hirviendo con sal. Agregue el jugo de limón y cocine 16 minutos a fuego medio.

Escurra los puerros y páselos a un molde refractario untado de mantequilla.

Sazone bien y vierta encima la salsa blanca.

Espolvoree con nuez moscada y agregue queso; ponga encima una pizca de paprika.

Hornee 20 minutos.

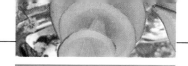

AGUACATE CALIFORNIA

4 porciones

2	**aguacates**
1	**pepino pelado y rebanado**
2	**toronjas rosadas cortadas en cascos**
1	**naranja cortada en cascos**
150 g	**camarones cocidos**
½ taza	**mayonesa**
2 c/das	**cebollinos**
1 c/da	**catsup**
	salsa Tabasco al gusto
	sal y pimienta
	cebollinos (opcionales)
	semillas de apio (opcionales)
	rebanadas de limón

Parta los aguacates por la mitad y extraiga la pulpa sin dañar la cáscara. Corte la pulpa en pedazos y deje aparte.

Combine todos los ingredientes en un tazón excepto los cebollinos, las semillas de apio y el limón.

Agregue la pulpa de los aguacates, llene las cáscaras con la mezcla y adorne con cebollinos, semillas de apio o rebanadas de limón.

FONDOS DE ALCACHOFAS RELLENOS DE HUEVO

4 porciones

4	**huevos cocidos picados**
2 c/das	**mayonesa**
12	**fondos de alcachofas en conserva**
36	**alcaparras**
36	**granos de pimienta rosada**

Mezcle en un tazón los huevos cocidos y la mayonesa. Llene los fondos de alcachofas con la mezcla.

Adorne con las alcaparras y la pimienta rosada.

DIP MEXICALI

7 tazas

2 tazas	**crema agria**
1 taza	**queso crema**
1 c/dita	**chile en polvo**
¼ c/dita	**tomillo**
¼ c/dita	**albahaca**
¼ c/dita	**pimienta**
1 c/dita	**sal**
2	**cebollitas de Cambray picadas**
2 tazas	**salsa de chile**
1½ taza	**queso cheddar mediano rallado**
1	**cebolla picada**
1	**pimiento verde picado**

Mezcle bien la crema agria y el queso crema.

Agregue los condimentos y las cebollitas a la salsa de tomate y mezcle todo con la crema agria.

Espolvoree el queso cheddar por encima.

Cubra esparciendo cebolla y pimiento verde. Sirva con tostaditas de maíz.

DIP DE CEBOLLA

2 tazas

250 g	**queso crema a temperatura ambiente**
1 taza	**crema agria**
1	**sobre de sopa de cebolla en polvo**
2 c/das	**cebollinos picados**
1 c/dita	**perifollo seco**
1 c/dita	**paprika**
1 c/dita	**salsa inglesa**

Combine todos los ingredientes; bata hasta formar una crema.

Sirva con verduras frescas o papas fritas.

MOUSSE DE CAMARONES Y SALMÓN

10 porciones

1 c/da	gelatina sin sabor		1 c/da	ralladura de cáscara de limón amarillo
¼ taza	vino blanco		1 c/da	cebolla finamente picada
1½ taza	consomé de pollo o pescado		½ taza	apio finamente picado
½ taza	mayonesa		1½ taza	camarones cocidos finamente picados
1 c/dita	sal		½ taza	galletas saladas finamente molidas
¼ c/dita	nuez moscada		1 taza	crema espesa
1 c/dita	paprika		2 tazas	salmón cocido desmenuzado
½ c/dita	pimienta			

Disuelva la gelatina en el vino. Agregue el consomé y caliente hasta que suelte el hervor.

Mida ¾ de taza de caldo. Vierta en un molde para pan ligeramente engrasado de 22 x 12 cm (9 x 5 pulgadas). Deje cuajar en el refrigerador.

En un tazón grande, combine la mayonesa, la sal, la nuez moscada, la paprika, la pimienta, la cáscara de limón, la cebolla y el apio.

Agregue ¾ de taza de caldo, en forma envolvente.

Incorpore los camarones, las galletas saladas y la crema.

En otro tazón, mezcle el salmón con el resto del caldo.

Vierta la mitad de la mezcla de camarones en el molde de pan, cubra con la mezcla de salmón.

Luego vacíe el resto de la mezcla de camarones encima del salmón.

Refrigere de 5 a 6 horas o toda la noche. Desmolde y sirva.

PATÉ DE HÍGADOS DE POLLO Y MANZANAS

16-20 porciones

1 kg	(2¼ lbs) hígados de pollo	¼ taza	aguardiente de manzana
250 g	(½ lb) carne de cerdo molida	1 taza	crema espesa
1 c/dita	sal	3	huevos batidos
¼ c/dita	pimienta	½ taza	pan molido fino
500 g	(1 lb) manzanas peladas y cortadas en cubitos finos	8	tiras de tocino

Precaliente el horno a 180°C (350°F).

Ponga los hígados de pollo, el cerdo, la sal y la pimienta en el procesador de alimentos hasta que queden muy blandos.

En un tazón grande, mezcle las manzanas, el aguardiente, la crema, los huevos y el pan molido.

Incorpore la carne.

Forre un molde de 22 x 12 cm (9 x 5 pulgadas) con papel de aluminio y engráselo.

Coloque una capa de tocino sobre el aluminio y agregue la mezcla.

Enmantequille un papel de cera y colóquelo encima, con el lado enmantequillado hacia abajo.

Cueza al baño María durante 2 horas.

Saque del horno y coloque un peso encima.

Refrigere toda la noche con el peso. Quite el peso.

Refrigere de 3 a 4 días. Desmolde.

Retire el tocino y quite el exceso de grasa.

Rebane y sirva.

PATÉ CON VINO BLANCO

20 porciones

1 kg	(2¼ lbs) hígados de pollo
500 g	(1 lb) carne de salchicha
500 g	(1 lb) carne de ternera magra
1	diente de ajo finamente picado
1 c/dita	mejorana
1 c/dita	tomillo
1 c/dita	sal
1 c/dita	paprika
3	huevos ligeramente batidos
½ taza	vino blanco seco

Precaliente el horno a 190°C (375°F).

Ponga las carnes en un procesador de alimentos hasta que queden finamente molidas.

Mezcle las carnes con el ajo y los condimentos. Agregue los huevos y el vino blanco.

Engrase ligeramente un molde de 22 x 12 cm (9 x 5 pulgadas) y llene con la mezcla.

Hornee durante 2 horas. Saque el paté; coloque un peso encima. Enfríe. Refrigere y sirva.

TOMATES RELLENOS CON QUESO

4 porciones

8	**rebanadas de tocino**
1 c/da	**manteca de tocino**
2 c/das	**mayonesa o vinagreta**
2 c/ditas	**vinagre**
¼ c/dita	**albahaca**
½ taza	**apio en cubos**
1½ taza	**queso cottage**
4	**tomates sin pulpa**
	cebollinos

Fría el tocino en una sartén hasta que quede crujiente, desmenuce y deje aparte.

Mezcle la manteca de tocino, la mayonesa o vinagreta, el vinagre, la albahaca y el tocino en un tazón.

Agregue el apio y el queso cottage y revuelva un poco. Tape y refrigere 1 hora.

Rellene los tomates con la mezlca y adorne con cebollinos. Sirva frío.

TOMATES MINIATURA A LA PROVENZAL

8 tomates

3 c/das	**pan molido**
1	**diente de ajo finamente rebanado**
2 c/ditas	**perejil picado**
	sal y pimienta
2 c/ditas	**aceite vegetal**
8	**tomates miniatura partidos por la mitad**
2 c/ditas	**queso parmesano rallado**

Precaliente el horno a 205°C (400°F).

Mezcle el pan molido, el ajo, el perejil, la sal y la pimienta en un tazón.

Unte con un poco de aceite cada mitad de tomate y cubra con la mezcla de pan molido, espolvoree con queso parmesano y hornee 5 minutos.

Ensaladas y vinagretas

✧

ENSALADA DE CORAZONES DE PALMITO

2 porciones

250 g	**(8 onzas) corazones de palmito escurridos**
	hojas de lechuga
¼ taza	**aceite**
2 c/das	**jugo de limón**
2 c/ditas	**cebollitas de Cambray finamente picadas**
2 c/ditas	**pimiento morrón enlatado finamente picado**
1 c/dita	**pimienta recién molida**
1 c/dita	**azúcar mascabado**

Coloque los corazones de palmito en las hojas de lechuga.

Mezcle el aceite, el jugo de limón, las cebollitas, el pimiento morrón y la pimienta.

Vierta sobre los corazones.

Espolvoree azúcar. Sirva.

ENSALADA CÉSAR DE EJOTES

8 porciones

1	**lechuga romanita lavada, seca y cortada a mano**
¾ taza	**vinagreta italiana**
1	**huevo**
1½ taza	**ejotes verdes cocidos en trozos**
⅓ taza	**queso parmesano rallado**
1 taza	**cubitos de pan frito**
8	**filetes de anchoa enrollados**

Combine en una ensaladera las hojas de lechuga y deje aparte.

Combine la vinagreta con el huevo en un tazón pequeño y cubra las hojas de lechuga con la mezcla.

Agregue los ejotes. Espolvoree el queso parmesano, revuelva y agregue los cubitos de pan frito.

Adorne con filetes de anchoa.

ENSALADA MIXTA DE FRIJOLES

8 porciones

500 g	**(1 lb) frijoles rojos enlatados**
500 g	**(1 lb) habas enlatadas**
250 g	**(½ lb) frijoles blancos remojados durante la noche**
500 g	**(1 lb) ejotes verdes frescos**
500 g	**(1 lb) ejotes amarillos frescos**
½ taza	**crema agria**
¼ taza	**perejil picado**
½ taza	**aceite**
⅓ taza	**jugo de limón**
1 c/dita	**sal**
1	**pizca de pimienta**

Escurra y enjuague los frijoles enlatados. Escurra los frijoles blancos.

Cueza los ejotes verdes y amarillos durante 5 minutos.

Mezcle la crema agria, el perejil, el aceite, el jugo de limón, la sal y la pimienta.

Vacíe el aderezo sobre la mezcla de frijoles y ejotes y refrigere durante 3 horas.

ENSALADA DE TOMATE

4 porciones

4	tomates maduros rebanados
250 g	(½ lb) champiñones frescos, limpios y rebanados
2	cebollitas de Cambray rebanadas
2 c/das	alcaparras
6 c/das	aceite de oliva
3 c/das	vinagre de vino
1 c/dita	estragón fresco picado
	jugo de limón al gusto
	sal y pimienta recién molida

Ponga los tomates y champiñones en una ensaladera grande. Agregue las cebollitas y revuelva; sazone bien.

Agregue las alcaparras y rocíe con aceite. Revuelva bien.

Vierta el vinagre y revuelva de nuevo.

Agregue el estragón y el jugo de limón. Rectifique el sazón y revuelva.

Sírvala sobre hojas de lechuga y adórnela con huevos cocidos y anillos de cebolla roja.

ENSALADA DUETO

6 porciones

1	lechuga francesa pequeña lavada, seca y cortada a mano
1	lechuga escarola roja pequeña lavada, seca y cortada a mano
3 c/das	mayonesa
1 c/dita	miel
1 c/dita	semillas de ajonjolí
	sal y pimienta

Combine en una ensaladera grande las lechugas y deje aparte.

Combine en un tazón pequeño el resto de los ingredientes. Vierta el aderezo sobre la lechuga y revuelva.

ENSALADA DE INVIERNO

4 porciones

1	**lechuga escarola lavada, seca y cortada a mano**
1	**lechuga francesa lavada, seca y cortada a mano**
1	**manojo de berros lavado y seco**
1 taza	**rábanos rebanados**
1	**blanco de puerro en juliana**
Vinagreta	
3 c/das	**vinagre de vino o jerez**
½ c/dita	**mostaza de Dijon**
½ c/dita	**perejil fresco**
½ taza	**aceite**

Acomode los pedazos de lechuga en tazones individuales o en una ensaladera grande.

Adorne el centro con los rábanos y el blanco de puerro. Cubra con la vinagreta.

ENSALADA MIXTA

4 porciones

Aderezo

	jugo de 1 limón	¼ taza	**rábano rebanado**
3 c/das	**aceite de soya o girasol con 2 gotas de salsa soya**	1 ó 2	**cebollitas de Cambray picadas**
½	**lechuga orejona**	1	**tallo de apio en cubitos**
½	**lechuga romanita**	3 a 5	**champiñones frescos rebanados**
½ taza	**floretes de brócoli**		**perejil picado**
½ taza	**floretes de coliflor**	½ taza	**queso cheddar rallado**
			sal y pimienta

Combine los ingredientes del aderezo en un tazón pequeño y deje aparte.

Combine los otros ingredientes en una ensaladera y cúbralos con el aderezo. Revuelva.

ENSALADA DE PEPINO FRESCO

4 porciones

2	**pepinos grandes**
1	**cebollita de Cambray rebanada**
8	**rábanos lavados y rebanados**
1	**huevo cocido rebanado**
¼ taza	**vinagreta al curry**
	sal y pimienta

Pele los pepinos y córtelos por la mitad a lo largo. Sáqueles las semillas y rebánelos.

Ponga los pepinos en un platón; agregue la cebollita y los rábanos. Sazone abundantemente y mezcle bien.

Agregue el huevo rebanado y la vinagreta al curry; revuelva con cuidado.

Si le agrada, sirva esta ensalada sobre hojas de lechuga.

VINAGRETA AL CURRY

1 c/dita	**polvo de curry**
3 c/das	**mayonesa**
¼ taza	**crema ligera**
	jugo de ½ limón
	sal y pimienta
	pizca de paprika

Ponga el polvo de curry, la paprika, la sal y la pimienta en un tazón; mezcle bien.

Agregue el jugo de limón y mezcle con un batidor.

Agregue la mayonesa y la crema; revuelva hasta que se incorporen bien. Rectifique el sazón.

Refrigere hasta el momento de usarla.

ENSALADA FESTIVA

4 porciones

1	lechuga francesa lavada, seca y cortada a mano
1	aguacate rebanado delgado
½	pimiento rojo en cubitos
2	chalotes picados
½ taza	tofu en cubitos
2 c/das	semillas tostadas de ajonjolí

Acomode los ingredientes de la ensalada en cada plato en el orden listado. Deje aparte.

Aderezo de Ajo

3	dientes de ajo finamente picados
2 c/das	jugo de limón
¾ taza	aceite de ajonjolí
¼ c/dita	mostaza en polvo
¼ c/dita	eneldo
1 c/dita	perejil seco

Combine en un tazón los ingredientes del aderezo de ajo y viértalo sobre la ensalada.

ENSALADA DE UVAS

4 porciones

5	hojas de betabel
4	hojas de lechuga escarola
4	hojas de lechuga francesa
8	hojas de chicoria o endivia rizada
2	cebollitas de Cambray finamente rebanadas
1	tallo de apio picado
2	zanahorias ralladas
8	uvas rojas sin semillas en mitades
8	uvas verdes sin semillas en mitades
	nueces y/o almendras finamente picadas

Lave, seque y corte con las manos las hojas de betabel y lechuga.

Combine en una ensaladera los ingredientes y deje aparte.

Aderezo

2 c/das	mayonesa
2 c/das	yogurt
1 c/da	jugo de limón
	sal y pimienta

Combine los ingredientes del aderezo. Viértalos sobre la ensalada y revuelva.

ENSALADA NIÇOISE

4 porciones

¾ taza	aceite		250 g	(½ lb) ejotes verdes cocidos
¼ taza	vinagre		4	hojas de lechuga
1 c/dita	sal		4	tomates pelados y partidos en cuartos
½ c/dita	pimienta		4	huevos duros partidos en cuartos
½ c/dita	mostaza en polvo		10	aceitunas negras sin pepas
2 c/das	jugo de limón		8	filetes de anchoas
8	papas cocidas y en cubitos		1 c/da	albahaca picada
1	cebolla pequeña en cubitos pequeños			

Combine el aceite, el vinagre, la sal, la pimienta, la mostaza y el jugo de limón.

Vierta ¼ del aderezo sobre las papas. Refrigere durante 1 hora.

Mezcle la cebolla con los ejotes verdes.

Vierta ¼ del aderezo sobre los ejotes y refrigere durante 1 hora.

Añada los ejotes a las papas y revuelva.

Coloque las hojas de lechuga en los platos. Sirva porciones iguales de ensalada sobre las hojas.

Acomode los tomates, los huevos, las aceitunas y las anchoas en la ensalada.

Vacíe un poco más de aderezo sobre éstos. Espolvoree albahaca y sirva.

ENSALADA DE ZANAHORIAS CON MIEL

6 porciones

4 tazas	zanahorias ralladas
2	manzanas peladas, descorazonadas y en cubitos
½ taza	pasas
½ taza	piñones
¼ taza	jugo de limón
¼ taza	miel
¼ c/dita	canela

En un tazón, combine las zanahorias, las manzanas, las pasas y los piñones.

Mezcle el jugo de limón, la miel y la canela.

Vacíe sobre la ensalada.

Sírvala fría.

ENSALADA SUPREMA DE POLLO

6 porciones

2 tazas	**pollo cocido en cubitos**
1 taza	**piña en cubitos**
½ taza	**apio en cubitos**
1 taza	**chícharos**
2 c/das	**rábano rebanado**
¾ taza	**mayonesa**
	hojas de lechuga escarola

Combine todos los ingredientes en una ensaladera, excepto las hojas de lechuga y refrigere durante 30 minutos.

Acomode las lechugas en un platón y ponga la ensalada encima.

ENSALADA DE LENTEJAS Y ARROZ

4 porciones

1½ taza	**lentejas cocidas**
1½ taza	**arroz cocido**
¼ taza	**perejil picado**
1	**cebolla finamente picada**
2	**dientes de ajo finamente picados**
Aderezo	
¼ taza	**aceite de oliva o de maíz**
	jugo de 1 limón
	una pizca de albahaca
	una pizca de ajedrea
2 c/das	**salsa de soya**
	sal y pimienta

Combine todos los ingredientes en una ensaladera. Deje reposar 20 minutos.

Esta ensalada también se sirve caliente.

ENSALADA DE HUEVOS

4 porciones

8	**huevos cocidos**
1 taza	**mayonesa**
1 c/da	**mostaza preparada**
½ taza	**pollo o jamón cocido en cubitos**
½ taza	**apio finamente rebanado**
	sal y pimienta
8	**aceitunas en mitades**
4	**hojas lechuga francesa**
1	**tomate rebanado**
	perejil picado

Corte los huevos por la mitad a lo largo. Quíteles las yemas con cuidado. Póngalas en un tazón y deje aparte las claras.

Machaque las yemas con un tenedor. Póngales la mayonesa, la mostaza, el pollo o jamón y el apio. Sazone con sal y pimienta y revuelva.

Llene las mitades de clara cocida con la mezcla.

Extienda las hojas de lechuga en un platón de servicio y póngales las claras rellenas encima.

Adorne con los tomates rebanados y las mitades de aceituna. Espárzales perejil y sirva.

ENSALADA MEXICANA

4 a 6 porciones

2¼ tazas	**ayocotes enlatados escurridos**
2¼ tazas	**granitos de elote enlatados escurridos**
1	**pimiento rojo cortado en tiritas**
Aderezo con Ajo	
¼ taza	**aceite ligero**
2 c/das	**salsa de soya**
1 c/da	**jugo de limón**
1	**diente de ajo finamente picado**
½	**pimiento verde sin semillas finamente picado**
	sal y pimienta
1	**pizca de chile en polvo**

Combine en una ensaladera los ayocotes, los granitos de elote y el pimiento. Deje aparte.

Mezcle los ingredientes del aderezo en un tazón pequeño. Viértalo sobre las verduras.

ENSALADA DE ESPINACAS

4 porciones

3	**manojos grandes de espinacas frescas**
3	**huevos cocidos rebanados**
1 taza	**cubitos de pan frito al ajo**
125 g	**(¼ lb) queso gruyère cortado en tiras**
1 c/da	**cebollinos frescos picados**
4	**rebanadas de jamón cocido cortado en tiras**
	sal y pimienta

Lave las espinacas con cuidado en agua fría. Seque las hojas y colóquelas en una ensaladera grande.

Agregue los huevos rebanados y los cubitos de pan; revuelva con cuidado.

Agregue el queso y los cebollinos, revuelva de nuevo y rectifique el sazón.

Decore el platón con el jamón y viértale el aderezo. Sírvala.

Aderezo	
1 c/da	**mostaza de Dijon**
1 c/da	**cebollinos frescos picados**
½ taza	**aceite de oliva**
	jugo de 1 limón grande
	sal y pimienta

Ponga la mostaza y los cebollinos en un tazón; sazone bien. Mezcle con un batidor y agregue jugo de limón. Mezcle otra vez.

Agregue el aceite en un hilo delgado mientras revuelve constantemente con el batidor. Rectifique el sazón y conserve.

ENSALADA CLUB

4 porciones

2 c/das	**vinagre blanco**
1 c/da	**salsa de soya**
6 c/das	**aceite de oliva**
1	**lechuga orejona lavada y seca**
1	**lechuga romanita lavada y seca**
12	**rebanadas delgadas de salami o salchichón de ajo cortadas en tiritas**
6 a 8	**rebanadas de queso gruyère, cortadas en tiritas**
125 g	**(¼ lb) paté de hígado en cubitos**
4	**huevos cocidos rebanados**
	unas gotas jugo de limón
	sal y pimienta

Revuelva el vinagre con la salsa de soya y el aceite; sazone y deje aparte.

Rasgue las hojas de lechuga en trozos y colóquelas en una ensaladera grande.

Agregue los ingredientes restantes y revuelva.

Vierta el aderezo y mezcle bien. Rectifique el sazón y sirva.

Si le agrada, ponga encima cubitos de pan frito al ajo.

ENSALADA DE BETABELES, ENDIVIAS Y BERROS

4 porciones

2	**betabeles medianos**
¼ taza	**agua**
3	**endivias**
2 tazas	**hojas de berro sin comprimirlas**

Aderezo de cebollitas de Cambray

1 c/da	**vinagre de vino blanco**
1 c/da	**cebollitas de Cambray picadas**
1 c/dita	**mostaza de Dijon**
¼ c/dita	**sal**
1	**pizca de azúcar**
1	**pizca de pimienta**
¼ taza	**aceite vegetal**

Vierta el agua en un molde para microondas de 6 tazas (1,5 L) y ponga los betabeles. Tape y cocine en HIGH (Alto) entre 10 y 12 minutos, o hasta que los betabeles estén a su gusto. Escúrralos y refrigérelos después. Pele y rebane.

Extienda las hojas de endivias a un lado del plato o de la ensaladera y ponga los berros al otro lado, con los betabeles en el centro.

Revuelva el vinagre con las cebollitas de Cambray, la mostaza, la sal, el azúcar y la pimienta en un tazón pequeño.

Deje caer el aceite en un hilo delgado mientras bate constantemente.

Vierta el aderezo sobre la ensalada y sirva.

ENSALADA DE CODITOS CON ATÚN

4 porciones

3 tazas	coditos cocidos
198 g	atún enlatado, escurrido
1 taza	apio finamente picado
¼ taza	cebolla picada
½ taza	aderezo italiano
2 tazas	floretes de brócoli
1 taza	tomates miniatura en mitades
½ taza	queso parmesano rallado
1 c/dita	albahaca
2 tazas	lechuga francesa
2 tazas	lechuga orejona (u otra)

Combine los coditos con el atún, el apio y la cebolla en una ensaladera grande.

Vierta el aderezo sobre la mezcla y deje aparte. Deje macerar unas horas.

Agregue los floretes de brócoli y los tomates. Espolvoree parmesano y albahaca. Añada las hojas de lechuga.

Revuelva todos los ingredientes y sirva.

ENSALADA DE ARROZ CON JAMÓN

4 porciones

½ taza	tocino en trocitos
1	cebolla pequeña picada
2	pimientos verdes en tiritas
1	diente de ajo finamente rebanado
2¼ tazas	tomates enlatados en cubitos
2 tazas	arroz cocido
½ c/dita	tomillo
	sal y pimienta
1 taza	jamón cocido picado

Precaliente el horno a 175°C (350°F).

Sofría el tocino en una sartén. Luego, saltee la cebolla, los pimientos verdes y el ajo.

Agregue los otros ingredientes. Ponga en un molde refractario, tape y hornee durante 10 minutos. Saque del horno y deje que se enfríe. Sirva caliente o frío.

ENSALADA CHINA

1 taza	champiñones finamente rebanados
	jugo de medio limón
2 tazas	arroz cocido frío
2 tazas	espinacas lavadas secas
⅓ taza	pasas
1 taza	germinados de soya
3	tallos de apio en cubitos
1	pimiento verde en cubitos
2 c/das	perejil picado
¼ taza	cebollitas de Cambray picadas
1 taza	nueces de caoba
Aderezo	
¼ taza	salsa soya
½ taza	aceite
1	diente de ajo finamente picado

Rocíe los champiñones con el jugo de limón y póngalos en una ensaladera grande. Ponga los otros ingredientes y deje aparte.

Combine los ingredientes del aderezo en un tazón. Viértalo sobre la ensalada y mezcle. Deje macerar 1 hora antes de servir.

ENSALADA DE ARROZ CON POLLO

1 taza	pollo cocido picado
2 tazas	arroz cocido
¼ taza	pimiento verde picado
1 taza	apio picado
¼ c/dita	tomillo
	sal y pimienta
¼ taza	mayonesa
4	hojas de lechuga
	perejil picado

Combine en una ensaladera todos los ingredientes menos las hojas de lechuga y revuelva.

Acomode las hojas de lechuga en un platón de servicio y ponga la mezcla de ensalada en el centro. Adorne con perejil.

VINAGRETA FRANCESA

2 tazas

1 c/dita	sal
¼ c/dita	pimienta
1 c/dita	azúcar
1 c/dita	paprika
1	diente de ajo finamente picado
1½ taza	aceite
½ taza	vinagre

Mezcle los condimentos, el ajo y el aceite.

Incorpore lentamente el vinagre, batiendo.

VINAGRETA ITALIANA

2¼ tazas

2 tazas	vinagreta francesa
1 c/dita	sal
2 c/das	azúcar
1 c/dita	mostaza en polvo
1 c/dita	paprika
½ c/dita	orégano
½ c/dita	albahaca
½ c/dita	perifollo
2 c/ditas	salsa inglesa

Mezcle la vinagreta francesa con los condimentos.

Use según se necesite.

VINAGRETA CON ANCHOAS

2½ tazas

30 g	(1 onza) pasta de anchoas
1	diente de ajo finamente picado
2	cebollitas de Cambray picadas
1 c/da	perejil seco
1 c/da	estragón picado
1 c/da	cebollinos picados
2	yemas de huevo
2 tazas	aceite
¼ taza	jugo de limón

Licúe la pasta de anchoas, el ajo, las cebollitas, el perejil, el estragón y los cebollinos.

Agregue las yemas de huevo.

Con la licuadora funcionando a baja velocidad, vierta lentamente el aceite. Agregue el jugo de limón.

Use para ensaladas, platillos de pollo o mariscos fríos.

MAYONESA

2 tazas

2	yemas de huevo
1 c/dita	mostaza en polvo
1 c/dita	sal
2 c/ditas	azúcar
1	pizca de pimienta de Cayena
1½ taza	aceite
3 c/das	jugo de limón
1 c/da	agua

Coloque las yemas de huevo en una licuadora. Agregue la mostaza y los condimentos.

Con la licuadora funcionando, vacíe lentamente el aceite.

Mezcle el jugo de limón con el agua.

Vacíe lentamente el jugo de limón en la salsa, sin apagar la licuadora.

Use según se necesite. Puede conservarse 7 días en el refrigerador.

VINAGRETA DE AJO Y HIERBAS

1½ taza

1 taza	aceite de oliva
2	dientes de ajo finamente picado
1 c/da	perejil finamente picado
¼ c/dita	albahaca
¼ c/dita	orégano
¼ c/dita	tomillo
¼ c/dita	sal
¼ c/dita	pimienta
⅓ taza	vinagre

Mezcle bien el aceite, el ajo y los condimentos en una licuadora.

Con la licuadora funcionando, agregue lentamente el vinagre.

Use como aderezo para ensalada o escabeche para verduras.

VINAGRETA PICANTE

2 tazas

¼ taza	**pimiento rojo dulce finamente picado**
3 c/das	**cebolla finamente picada**
1 c/dita	**alcaparras picadas**
2 c/das	**pepinillos en escabeche picados**
¼ taza	**azúcar**
1 c/dita	**sal**
1 c/dita	**mostaza en polvo**
1 c/dita	**ajo en polvo**
2 c/ditas	**hojas de albahaca**
½ c/dita	**pimienta negra triturada**
½ c/dita	**salsa inglesa**
3 c/das	**jugo de limón**
¼ taza	**vinagre**
¾ taza	**aceite de cártamo**

Coloque todos los ingredientes, excepto el aceite, en una licuadora.

Mezcle a velocidad mediana durante 30 segundos.

Con la licuadora funcionando, agregue lentamente el aceite. Mezcle hasta obtener una consistencia suave.

Use según se necesite.

ADEREZO DE ESPÁRRAGOS

aproximadamente 1 taza

¼ taza	**espárragos enlatados**
1 c/da	**vinagre de vino**
¾ taza	**mayonesa**
1 c/dita	**mostaza de Dijon**
½ c/dita	**salsa inglesa**
	sal y pimienta

Mezcle los espárragos con el vinagre en un procesador de alimentos o en una licuadora.

Agregue los otros ingredientes y revuelva bien. Sazone al gusto.

ADEREZO DE AGUACATE

aproximadamente 1 taza

¼ taza	**aguacate muy maduro**
	jugo de 1 limón
¾ taza	**mayonesa**
½ c/da	**salsa inglesa**
2	**gotas salsa Tabasco**
½ c/dita	**cáscara de limón cortada en juliana**
2 c/ditas	**salsa de chile**
	sal y pimienta

Mezcle el aguacate con el jugo de limón en un procesador de alimentos o en una licuadora.

Agregue los otros ingredientes y revuelva bien. Sazone al gusto.

ADEREZO DE ROQUEFORT

aproximadamente 1 taza

¾ taza	**mayonesa**	¼ c/dita	**salsa inglesa**
¼ taza	**yogurt**	3	**gotas salsa Tabasco**
2 c/das	**vinagre de vino blanco**	1 c/da	**queso roquefort o queso azul desmenuzado**
1	**cebollita de Cambray picada**		**sal y pimienta**
1	**diente de ajo finamente rebanado**		

Combine los ingredientes en un tazón pequeño.

Sazone al gusto.

ADEREZO DE CÍTRICOS

aproximadamente 1½ taza

¼ taza	cascos de naranja
¼ taza	cascos de toronja
	jugo de ½ limón
¾ taza	mayonesa
½ c/dita	pimienta rosada
1 c/dita	miel
2 c/das	jugo de toronja
¼ taza	crema agria

Corte los cascos de naranja y toronja en trozos y póngalos en un tazón.

Agregue los otros ingredientes y revuelva bien. Sazone al gusto.

ADEREZO CÉSAR

aproximadamente 1 taza

1 taza	mayonesa
1	filete de anchoa picado
2	dientes de ajo finamente picados
1 c/dita	alcaparras picadas
½ c/dita	salsa inglesa
2	gotas salsa Tabasco
1 c/da	queso parmesano rallado
	sal y pimienta

Combine todos los ingredientes en un tazón pequeño.

Sazone al gusto.

ADEREZO CATALINA

aproximadamente 1½ taza

1 taza	mayonesa
¼ taza	catsup
2 c/das	vinagre de vino
2 c/ditas	azúcar
2 c/ditas	paprika
2	gotas salsa Tabasco
	sal y pimienta

Combine todos los ingredientes en un tazón pequeño.

Sazone al gusto.

Sopas

SOPA DE CHÍCHAROS

8 porciones

⅓ **taza**	**mantequilla**
¼ **taza**	**cebolla finamente picada**
¼ **taza**	**apio finamente picado**
¼ **taza**	**zanahorias finamente picadas**
⅓ **taza**	**harina**
4 tazas	**(1 L) caldo de pollo**
125 g	**(¼ lb) jamón cocido en cubitos**
2 tazas	**chícharos, congelados**
2 tazas	**crema ligera**

Caliente la mantequilla en una olla.

Saltee la cebolla, el apio y las zanahorias hasta que estén blandos.

Agregue la harina y cocine durante 2 minutos.

Agregue el caldo de pollo, el jamón y los chícharos.

Cueza a fuego lento durante 10 minutos.

Agregue la crema; cueza a fuego lento 10 minutos más.

Sirva caliente.

CREMA DE TOMATE Y ARROZ

8 porciones

½ taza	mantequilla
1	cebolla pequeña finamente picada
1	zanahoria grande finamente picada
2	tallos de apio finamente picados
4 tazas	(1 L) caldo de pollo
3 tazas	tomates en puré
1 taza	tomates picados
1 taza	harina
4 tazas	(1 L) crema espesa
1 taza	arroz cocido
¼ c/dita	pimienta
1 c/dita	sal

Caliente la mantequilla en una olla.

Agregue las verduras y saltéelas hasta que estén blandas.

En una cacerola, caliente el caldo, el puré de tomate y los tomates.

Agregue la harina a las verduras salteadas. Cueza durante 2 minutos.

Agregue la crema y cueza a fuego lento hasta que quede muy espesa. Incorpore lentamente, batiendo, el caldo de tomate a la crema.

Agregue el arroz y los condimentos.

Sirva inmediatamente.

SOPA DE HABAS Y GARBANZOS

aproximadamente 4 tazas

1 c/da	mantequilla		1 lata (540 ml)	(19 onzas) tomates
2	cebollas finamente picadas		2 c/das	pasta de tomate
1	diente de ajo finamente rebanado		½ c/dita	orégano
1 lata (398 ml)	(14 onzas) habas		½ c/dita	sal
1 lata (398 ml)	(14 onzas) garbanzos		½ c/dita	pimienta

Caliente la mantequilla en una olla y sofría las cebollas y el ajo.

Agregue las habas y los garbanzos; revuelva. Agregue los tomates y la pasta de tomate.

Sazone con orégano, sal y pimienta.

Deje hervir a fuego lento durante 20 minutos.

Rectifique el sazón y sirva.

CREMA DE CALABACITAS CON AJO

aproximadamente 6 tazas

6	calabacitas		1 c/dita	tomillo
2 c/ditas	sal		½ c/dita	azúcar
3 c/das	mantequilla		½ c/dita	orégano
2	cebollas rebanadas		½ c/dita	albahaca
2	dientes de ajo finamente rebanados		¼ c/dita	nuez moscada
4 tazas	(1 L) caldo de pollo		¼ c/dita	pimienta
1	tomate grande sin cáscara cortado en pedazos		½ taza	crema espesa

Rebane finamente las calabacitas y sazónelas con sal. Póngalas en un cedazo y deje que escurran durante 30 minutos.

Derrita la mantequilla en una olla; agregue las cebollas, las calabacitas y el ajo. Tape y cueza a fuego medio durante 10 minutos.

Agregue el caldo de pollo, el tomate y los condimentos. Licúe la mezcla y vuélvala a poner en la olla.

Agregue la crema y caliente 5 minutos.

SOPA DE BRÓCOLI Y CHEDDAR

6-8 porciones

4 tazas	floretes de brócoli
3 c/das	mantequilla
¼ taza	harina
5 tazas	(1,2 L) caldo de pollo
1 taza	leche
1 taza	crema para batir
1 taza	queso cheddar mediano rallado
	sal y pimienta

Saltee el brócoli en la mantequilla a fuego medio hasta que esté blando.

Espolvoree la harina y cueza revolviendo durante 2 minutos. Agregue gradualmente el caldo y la leche; caliente para cocer a fuego lento solamente.

Incorpore la crema y el queso.

Deje que el queso se derrita en la sopa; sazone al gusto y sirva con cubitos de pan tostado encima.

POTAJE DEL GRANJERO

4 porciones

1	puerro (sólo la parte blanca)
2 c/das	mantequilla
1	cebolla pelada y picada
½ c/dita	albahaca
1	hoja de laurel
1 c/dita	perejil picado
2	zanahorias peladas y picadas
2	nabos pelados y picados
2	papas peladas y picadas
6 tazas	(1,5 L) caldo de pollo frío
	un poco de tomillo
	sal y pimienta

Corte el puerro en cuatro secciones a lo largo, dejando la parte inferior unida hasta 2,5 cm (1 puldaga) del extremo más ancho. Lave bien en agua fría y rebánelo delgado.

Caliente la mantequilla en una olla. Agregue la cebolla y el puerro; espolvoree las hierbas de olor. Tape y sofría 4 minutos a fuego medio.

Agregue el resto de las verduras y sazone bien. Revuelva y siga cocinando 3 minutos más.

Vacíele el caldo de pollo y deje que empiece a hervir. Cocine la sopa, sin taparla, de 15 a 18 minutos a fuego bajo.

Sírvala caliente.

CREMA DE CHAMPIÑONES

aproximadamente 6 tazas

1 lata	(20 onzas) crema
(568 ml)	de champiñones
1 taza	leche
1 taza	agua
2 c/das	mantequilla
1 taza	champiñones rebanados
1 c/da	cebolla picada
1	diente de ajo finamente picado
1 c/da	brandy (opcional)
	sal y pimienta
¼ c/dita	nuez moscada

Caliente en una olla la sopa de crema de champiñones con la leche y el agua.

Mientras tanto, derrita la mantequilla en una sartén y saltee los champiñones, el ajo y la cebolla.

Agregue el brandy y caliente 1 minuto. Añada la mezcla a la crema de champiñones. Sazone con sal, pimienta y nuez moscada. Deje hervir a fuego lento durante 5 minutos y sirva.

SOPA DE TOMATE CON FIDEOS

4 porciones

2 c/ditas	mantequilla
1	cebolla pelada y picada
1	tallo de apio cortado en cubitos
8	tomates pelados y picados
¼ c/dita	orégano
1	diente de ajo machacado y picado
4 tazas	(1 L) caldo de pollo caliente
60 g	(2 onzas) fideos delgados
	unos cuantos chiles machacados
	sal y pimienta

Caliente la mantequilla en una olla. Agregue la cebolla y el apio; tape y sofría 5 minutos a fuego lento.

Agregue los tomates, el orégano y el ajo; sazone bien. Revuelva y siga cocinando sin tapar, durante 5 minutos a fuego medio. Vierta el caldo de pollo y sazone con el resto de las especias. Revuelva bien y deje que hierva.

Cueza la sopa, parcialmente tapada, durante 1 hora a fuego lento.

Agregue los fideos y revuelva; siga cocinando 10 minutos.

Sírvala caliente.

SOPA DE POLLO CON ARROZ

4 porciones

1 c/da	mantequilla
1½ taza	apio en cubitos
5 tazas	(1,2 L) caldo de pollo frío
¼ c/dita	ajedrea
1 taza	arroz de grano largo lavado y escurrido
1	pechuga grande de pollo sin pellejo y deshuesada, en cubitos
	sal y pimienta

Caliente la mantequilla en una olla. Agregue el apio; tape y sofría 5 minutos a fuego medio.

Vierta el caldo de pollo y agregue la ajedrea; sazone bien.

Revuelva y deje que hierva.

Añada el arroz y revuelva; cuézalo, parcialmente tapado, a fuego medio durante 10 minutos.

Mientras tanto, ponga el pollo en una cacerola separada. Cubra con agua salada y deje que hierva; cueza 4 minutos. Escurra y deje aparte.

Agregue el pollo a la sopa; siga cociéndolo, parcialmente tapado, durante 8 minutos.

Sirva.

SOPA DE CEBOLLAS Y CHALOTES

aproximadamente 3 tazas

2 c/das	mantequilla
3	cebollas partidas por la mitad y rebanadas
2	chalotes secos picados
1	diente de ajo finamente rebanado
1 taza	agua
¼ taza	vino blanco seco (opcional)
1½ taza	caldo de res
	sal y pimienta
¼ c/dita	nuez moscada
½ c/dita	cebollinos picados

Ponga a derretir la mantequilla en una olla y saltee las cebollas, los chalotes y el ajo. Agregue el agua, el vino y el caldo de res.

Tape y deje hervir. Cueza a fuego bajo durante 30 minutos. Sazone con sal, pimienta y nuez moscada. Espárzale los cebollinos.

SOPA DE COLECITAS DE BRUSELAS

aproximadamente 4 tazas

2½ tazas	caldo de pollo
	sal y pimienta
½ taza	tocino en pedacitos
1 taza	colecitas de Bruselas blanqueadas cortadas en cuatro
1	diente de ajo finamente rebanado

Ponga a hervir el caldo de pollo en una olla y, cuando suelte el hervor, déjelo a fuego lento 20 minutos. Sazone con sal y pimienta.

Ponga el tocino en una sartén y deje que suelte la grasa. Cocínelo un poco.

Agregue las colecitas de Bruselas y el ajo; sofría durante 4 minutos. Quítele la grasa a la sartén. Revuelva y deje a fuego lento durante 5 minutos.

Desgrase y sirva.

SOPA DE CEBOLLINOS Y QUESO

4 porciones

¼ **taza**	**mantequilla**
¼ **taza**	**cebollinos finamente picados**
2 **c/das**	**perejil picado**
¼ **taza**	**harina**
2 **tazas**	**caldo de pollo**
2 **tazas**	**crema espesa**
½ **taza**	**queso azul desmoronado**

Caliente la mantequilla en una olla; agregue los cebollinos y el perejil. Cueza suavemente durante 2 minutos.

Incorpore la harina. Continúe cociendo durante 2 minutos más.

Agregue el caldo y la crema. Haga hervir. Reduzca el calor y cueza a fuego lento durante 10 minutos.

Desmorone el queso y agréguelo. Cueza a fuego lento durante 5 minutos más.

SOPA RÁPIDA DE POQUITOS

4 porciones

2 c/das	mantequilla
2	tallos de apio, en rebanadas delgadas al sesgo
1	pepino pequeño pelado y rebanado al sesgo
125 g	(¼ lb) champiñones limpios y rebanados
1	tomate rebanado
4 tazas	(1 L) caldo de pollo caliente
1 c/dita	salsa de soya
	unas gotas de jugo de limón
	sal y pimienta

Caliente la mantequilla en una olla. Agregue el apio, el pepino y los champiñones; rocíe con jugo de limón y sazone.

Tape y deje cocer 5 minutos a fuego medio.

Añada el tomate y vierta el caldo de pollo; sazone bien.

Deje que empiece a hervir y siga cociendo 10 minutos a fuego lento.

Agregue la salsa de soya, revuelva y rectifique el sazón. Deje hervir unos minutos a fuego lento.

Sirva la sopa con pan tostado o galletas.

SOPA DEL PESCADOR

aproximadamente 3 tazas

1 taza	caldo de pollo
1½ taza	crema de mariscos
20	mejillones bien lavados
½ taza	camarones de pacotilla
1	pizca de azafrán
½ c/dita	nuez moscada
	sal y pimienta

Ponga a hervir en una olla el caldo de pollo y la crema de mariscos. Agregue los mejillones y cocínelos 4 minutos o hasta que abran. Saque los mejillones del caldo y quíteles las conchas. Deje aparte.

Hierva el caldo a fuego lento durante 10 minutos. Agregue los camarones y los mejillones. Sazone con azafrán, nuez moscada, sal y pimienta. Revuelva y sirva.

SOPA DE LENTEJAS

4 porciones

1 c/da	mantequilla
1	tallo de apio en cubitos
½	cebolla finamente picada
1	zanahoria en cubitos
½ c/dita	albahaca
¼ c/dita	semillas de apio
1 c/dita	perejil fresco picado
1	diente de ajo machacado y picado
1 taza	lentejas
6 tazas	(1,5 L) caldo de pollo caliente
¼ taza	arroz de grano largo enjuagado y escurrido
	sal y pimienta

Caliente la mantequilla en una olla. Agregue el apio y la cebolla. Tape y sofría 3 minutos a fuego medio.

Agregue la zanahoria, las especias y el ajo; tape y siga cociendo 3 minutos más.

Agregue las lentejas y el caldo de pollo; sazone bien y revuelva. Deje que hierva.

Cueza la sopa parcialmente tapada durante 2 horas a fuego lento.

Quince minutos antes de que termine de cocerse, agregue el arroz y acabe de cocinarla.

Sírvala.

SOPA RÁPIDA DE POLLO

4 porciones

4 c/das	mantequilla
2 c/das	cebolla picada
5 c/das	harina
4½ tazas	(1,1 L) caldo concentrado de pollo
1	pechuga de pollo, sin pellejo y deshuesada, cortada en cubitos
1	pizca de paprika
	un poco de nuez moscada
	sal y pimienta
	perejil picado

Caliente la mantequilla en una olla. Agregue la cebolla y tape; sofría 2 minutos a fuego medio.

Añada la harina y cocínela destapada 1 minuto a fuego lento.

Vierta el caldo de pollo y agregue las especias; revuelva bien y deje que empiece a hervir. Cueza la sopa destapada a fuego medio durante 20 minutos.

Aproximadamente 10 minutos antes de que esté la sopa, ponga el pollo en una cacerola aparte.

Cúbralo con agua salada y deje que hierva; cuézalo 5 minutos.

Escurra el pollo y agréguelo a la sopa.

Espárzale perejil picado y sirva.

SOPA MIXTA DE VERDURAS

4 porciones

1 c/da	**mantequilla**
½	**cebolla picada**
1	**puerro pequeño (sólo la parte blanca) lavado y finamente rebanado**
¼ c/dita	**orégano**
¼ c/dita	**tomillo**
¼ c/dita	**albahaca**
1	**hoja de laurel**
1	**nabo pelado y en cubitos**
¼	**col rebanada delgadito**
1 c/da	**cebollinos picados**
2	**zanahorias en cubitos**
2	**papas en cubitos**
5 tazas	**(1,2 L) caldo de pollo frío**
1 c/da	**salsa de soya**
1	**tomate pelado y en cubitos**
1 taza	**champiñones en cubitos**

Caliente la mantequilla en una olla. Agregue la cebolla y el puerro; tape y sofría 3 minutos a fuego medio.

Agregue las hierbas de olor, el nabo, la col, los cebollinos, las zanahorias y las papas; sazone y mezcle bien. Tape y cocine 6 minutos a fuego bajo.

Vierta el caldo de pollo y la salsa de soya; revuelva. Sazone y deje que hierva.

Cueza la sopa, parcialmente tapada, durante 15 minutos a fuego lento.

Agregue el tomate y los champiñones; siga cociendo 5 minutos más.

Acompañe con emparedados para el almuerzo o con ensalada verde para la cena.

SOPA DE ZANAHORIA

4 porciones

2 c/das	mantequilla
½	cebolla finamente picada
5	zanahorias grandes en rebanadas delgadas
½ c/dita	perifollo
1 c/dita	eneldo fresco picado
6 tazas	(1,5 L) caldo de pollo frío
¾ taza	arroz de grano largo enjuagado y escurrido
	un poco de menta
	sal y pimienta

Caliente la mantequilla en una olla. Agregue la cebolla; tape y sofría 2 minutos a fuego medio.

Agregue las zanahorias y las hierbas aromáticas; siga cocinando 4 minutos a fuego medio.

Vierta el caldo de pollo, sazone y revuelva. Deje que hierva.

Agregue el arroz, revuelva y tape parcialmente.

Cocine 15 minutos a fuego medio o hasta que el arroz esté cocido.

Sirva con cubitos de pan frito.

SOPA DE ELOTE

aproximadamente 5 tazas

1 c/da	mantequilla
1	cebolla picada
1	papa mediana rebanada
1½ taza	caldo de pollo
2 tazas	granitos de elote
1½ taza	leche
	sal
	unos granitos de elote enteros para adorno
	paprika

Derrita en una olla la mantequilla y sofría la cebolla y la papa. Agregue el caldo de pollo y los granitos de elote. Sazone con sal y deje que empiece a hervir.

Tape y deje a fuego lento hasta que se cueza la papa.

Retire del fuego y deje enfriar unos minutos.

Licúe durante 30 segundos.

Vuelva a poner la mezcla en la olla y añada la leche. Caliente de 8 a 10 minutos sin que hierva.

Ponga unos granitos de elote enteros sobre la sopa; espolvoree paprika y sirva.

SOPA FAVORITA

aproximadamente 4 tazas

1 c/da	mantequilla
1	diente de ajo finamente picado
2 c/ditas	albahaca picada
1 lata (540 ml)	(19 onzas) tomates
1 taza	caldo de pollo
	sal y pimienta
	fideos
	arroz
1 taza	espinacas picadas

Derrita la mantequilla y sofría el ajo y la albahaca. Agregue los tomates y el caldo de pollo.

Sazone con sal y pimienta y deje que empiece a hervir. Agregue los fideos y el arroz.

Tape y deje a fuego lento durante 20 minutos.

Rectifique el sazón.

Agregue las espinacas y cueza unos cuantos minutos a fuego lento.

GAZPACHO

4 porciones

1	pepino pelado sin semillas y rebanado muy delgadito
5	dientes de ajo machacados y finamente picados
¼ c/dita	semillas de comino
¼ taza	almendras molidas
2 c/das	vinagre de vino
¼ taza	aceite de oliva

3	tomates pelados, sin semillas y cortados en dos
6½ tazas	(1,6 L) base de caldo de res, frío pimienta recién molida
½	pimiento verde sin semillas y finamente picado
1 c/da	perejil fresco finamente picado

Ponga las rebanadas de pepino en un tazón. Espárzales sal y deje reposar 30 minutos.

Escúrralas.

Licúe el ajo, las semillas de comino y las almendras.

Agregue el vinagre y el aceite; licúe de nuevo.

Agregue los pepinos y los tomates y licúe bien. Incorpore allí mismo el caldo de res. Sazone al gusto.

Tape la sopa con papel parafinado untado de mantequilla y refrigere por lo menos de 4 a 5 horas.

Vacíe el gazpacho en una sopera y adorne con el pimiento verde y el perejil.

POTAJE SAINT-GERMAIN

aproximadamente 5 tazas

1 taza	alverjones
2 c/das	mantequilla
1	puerro finamente rebanado
1	cebolla finamente rebanada
2 tazas	agua
2 tazas	caldo de pollo
½ taza	tocino cortado en trozos
1	hoja de laurel
	sal y pimienta
¼ taza	crema espesa

Lave los alverjones y escúrralos. Deje aparte.

Derrita la mantequilla en una olla y fría ligeramente el puerro y la cebolla. Agregue los alverjones, el agua y el caldo de pollo y deje que empiecen a hervir. Agregue el tocino y la hoja de laurel.

Sazone con sal y pimienta. Tape y deje cocer por lo menos 1 hora a fuego lento.

Licúe la mezcla; añada la crema. Rectifique el sazón y sirva.

SOPA NELUSKO
(CREMA DE POLLO Y ALMENDRAS)

8 porciones

3 c/das	mantequilla		¼ taza	almendras molidas
½ taza	apio finamente picado		1 taza	carne de pollo cocida y en cubitos
1	cebolla pequeña finamente picada		⅓ taza	crema espesa
3 c/das	harina		¼ c/dita	paprika
4 tazas	(1 L) caldo de pollo			
1 taza	crema ligera			

Caliente la mantequilla en una olla de 2 litros.

Saltee el apio y la cebolla hasta que estén blandos.

Agregue la harina y forme una pasta. No deje dorar.

Agregue el caldo de pollo, la crema ligera y cueza a fuego lento durante 15 minutos.

Agregue las almendras, la carne de pollo y la crema espesa.

Cueza a fuego lento durante 5 minutos más.

Adorne con paprika.

CREMA DE PUERROS

aproximadamente 8 tazas

3 c/das	aceite
4	puerros lavados y rebanados
3	papas en cubitos
3 c/das	harina
	sal y pimienta
½ c/dita	albahaca
½ c/dita	estragón
½ c/dita	ajedrea
5 tazas	(1,2 L) caldo
1 taza	leche
	o
½ taza	crema espesa
	hierbas aromáticas frescas

Caliente el aceite en una olla y saltee los puerros durante 3 minutos. Agregue las papas y deje cocer 5 minutos más.

Agregue la harina y revuelva. Sazone con sal, pimienta, albahaca, estragón y ajedrea.

Vierta el caldo en la mezcla y deje cocer 40 minutos. Licúe la mezcla.

Agregue leche o crema y adorne con hierbas aromáticas frescas. Sirva.

CREMA DE POLLO Y CHAMPIÑONES

8 porciones

⅓ taza	mantequilla
125 g	(4 onzas) champiñones rebanados
⅓ taza	harina
1½ taza	pollo cocido y en cubitos
3 tazas	caldo de pollo
2 tazas	crema espesa
¼ c/dita	pimienta
1 c/dita	sal
2 c/das	perejil picado

Caliente la mantequilla en una olla. Agregue los champiñones y saltee hasta que estén blandos.

Agregue la harina y cueza durante 2 minutos.

Agregue el pollo, el caldo, la crema, los condimentos y el perejil.

Cueza a fuego lento durante 15 minutos.

Sirva caliente.

SOPA DE POLLO Y ARROZ A LA FLORENTINA

8 porciones

1½ c/da	**mantequilla**
170 g	**(6 onzas) espinacas picadas**
8 tazas	**(2 L) caldo de pollo**
2 tazas	**carne de pollo en cubitos**
1½ taza	**arroz cocido**

Caliente la mantequilla en una olla. Saltee las espinacas durante 2 minutos.

Agregue el caldo y la carne de pollo. Cueza a fuego lento durante 10 minutos.

Agregue el arroz; cueza a fuego lento 5 minutos más.

Sirva caliente.

BOUILLABAISSE
(SOPA DE PESCADO A LA PROVENZAL)

8 porciones

⅔ taza	aceite
1	zanahoria finamente picada
2	cebollas finamente picadas
500 g	(1 lb) pescado blanco sin espinas
500 g	(1 lb) lucio sin espinas
500 g	(1 lb) perca sin espinas
	o
1,4 kg	(3 lbs) cualquier pescado firme
1	hoja de laurel
1½ taza	tomates pelados, sin semillas y picados
¼ taza	jerez
4 tazas	(1 L) caldo de pollo o pescado
1	docena almejas
1	docena mejillones
2	docenas camarones, pelados y desvenados
1 taza	carne de jaiba o langosta
2	pimientos morrones enlatados en cubitos
2 c/ditas	sal
½ c/dita	paprika
½ c/dita	azafrán

Caliente el aceite en una olla grande o en una olla de hierro. Agregue las zanahorias y las cebollas. Saltee hasta que estén blandas.

Corte el pescado en tiras de 2,5 cm (1 puldaga). Échelas a la olla y cueza durante 5 minutos.

Agregue la hoja de laurel, los tomates, el jerez y el caldo de pescado.

Tape y cueza a fuego lento durante 20 minutos.

No deje hervir.

Agregue los mariscos, los pimientos morrones y los condimentos.

Cueza a fuego lento durante 10 minutos más.

VICHYSSOISE

4 a 6 porciones

2 c/das	mantequilla
1	cebolla grande rebanada
1 c/da	perejil fresco picado
2	puerros grandes (sólo la parte blanca) cortados en cuatro y lavados
½ c/dita	albahaca
¼ c/dita	tomillo
¼ c/dita	estragón
5	papas lavadas y rebanadas
6 tazas	(1,5 L) caldo de pollo caliente
½ taza	crema para batir
1 c/da	cebollinos frescos picados
1	pizca de paprika
	sal y pimienta blanca

Caliente la mantequilla en una olla grande. Agregue la cebolla y el perejil; tape y sofría 3 minutos a fuego medio.

Agregue los puerros y las hierbas de olor; revuelva bien. Sazone con sal y pimienta; tape y deje cocer de 7 a 8 minutos a fuego medio.

Incorpore las papas y cocínelas 2 minutos.

Vierta el caldo de pollo, revuelva y sazone al gusto. Deje que empiece a hervir y deje cocer de 25 a 30 minutos.

Cuando las papas estén cocidas, licúe la sopa.

Deje que se enfríe y refrigérela.

Justo antes de servirla, agregue la crema y esparza los cebollinos por encima.

Esta sopa se conserva bien de 3 a 4 días en el refrigerador, pero no agregue la crema hasta el momento de servirla.

SOPA FRÍA DE ESPÁRRAGOS

aproximadamente 4 tazas

12	espárragos frescos cocidos
	o
1 lata (284 ml)	(10 onzas) espárragos
1 lata (284 ml)	(10 onzas) crema de espárragos
1½ taza	leche
	sal y pimienta
	estragón
¼ taza	crema agria
	perejil picado

Mezcle en un tazón todos los ingredientes excepto 4 cucharaditas de crema agria y el perejil. Licúe la mezcla en la y refrigere hasta que enfríe.

Cuando vaya a sirva, vacíe la sopa en tazones individuales y adorne cada porción con 1 cucharadita de crema agria y perejil picado.

VELOUTÉ DE POLLO

aproximadamente 8 tazas

2	zanahorias en cubitos		¼ taza	arroz de cocción rápida
1	cebolla picada			sal y pimienta
4 tazas	(1 L) caldo de pollo		1	pizca de cebollinos picados
3 c/das	mantequilla		1	pizca de albahaca
3 c/das	harina		¾ taza	crema ligera
250 g	(8 onzas) pollo (o sobrantes de pollo cocido)			

Ponga las verduras con 1 taza de caldo en un molde para microondas. Cocine en HIGH (Alto) durante 6 minutos y deje aparte.

Ponga la mantequilla y la harina en una taza grande refractaria en HIGH (Alto) durante 1 minuto. Vierta el resto del caldo de pollo en la mezcla y revuelva con cuidado.

Agregue el pollo, el arroz y las verduras cocidas. Sazone con sal, pimienta, cebollinos y albahaca; revuelva bien. Cocine en HIGH (Alto) durante 10 minutos y revuelva. Deje 10 minutos más en LOW (Bajo).

Agregue la crema y revuelva lentamente. Acompañe con cubitos de pan frito.

SOPA DE CEBOLLA GRATINADA

4 porciones

2 c/das	mantequilla		4	rodajas de pan francés tostadas
4	cebollas blancas rebanadas		1	pizca tomillo
1 c/da	harina		1	pizca mejorana
¼ taza	vino blanco seco			hoja de laurel
5 tazas	caldo de res frío			gotas de salsa Tabasco
½ taza	queso gruyère rallado			sal y pimienta

Caliente la mantequilla en una olla. Agregue las cebollas y fríalas destapadas 15 minutos a fuego medio. Revuelva con frecuencia, raspando el fondo de la cacerola. Las cebollas deben quedar doradas.

Agregue la harina y revuelva bien; siga cocinando 2 minutos a fuego lento.

Añada el vino y cocine 2 minutos a fuego alto. Revuelva ocasionalmente.

Agregue el caldo de res, sazone y añada todas las hierbas aromáticas. Revuelva y deje que empiece a hervir.

Tape parcialmente y cueza la sopa 20 minutos a fuego lento. Revuelva ocasionalmente.

Ponga 2 cucharadas de queso en el fondo de cada tazón refractario. Vierta la sopa y cubra con el pan tostado. Espolvoree el resto del queso, agregando más, si es necesario.

Meta al horno a 15 cm (6 puldagas) del elemento térmico superior durante 5 minutos o hasta que dore.

Sirva inmediatamente.

CREMA DE TOMATE CON PAN

aproximadamente 8 tazas

2 tazas	leche
3	rebanadas de pan sin corteza
2 c/das	mantequilla
3 ó 4	cebollas picadas
	sal y pimienta
½ c/dita	bicarbonato de sodio
1 lata (796 ml)	(28 onzas) tomates

Vierta la leche en una olla y póngale el pan.

Remoje y deje aparte.

Derrita la mantequilla en una sartén y saltee las cebollas. Agréguele las cebollas a la mezcla de pan y deje que empiece a hervir.

Baje el fuego y sazone con sal y pimienta. Añada el bicarbonato de sodio y los tomates.

Caliente y sirva.

Pescados y mariscos

LENGUADO MOLINERO

4 porciones

4	**filetes de lenguado**
⅓ taza	**leche**
½ taza	**harina**
⅓ taza	**mantequilla**
2 c/das	**perejil fresco picado**
1	**limón**

Unte los filetes de leche y harina.

Caliente la mantequilla en una sartén. Saltee los filetes de 2½ a 3 minutos por cada lado.

Pase los filetes a un platón caliente.

Agregue el perejil y el jugo del limón a la mantequilla; cueza 1 minuto.

Vierta sobre los filetes y sirva.

FILETES DE LUCIO CON TOMATES

4 porciones

500 g	**(1 lb) filetes de lucio frescos o descongelados**
3 c/das	**cebollitas de Cambray picadas**
	sal y pimienta
2	**tomates rebanados**
½ c/dita	**azúcar**
¼ taza	**mantequilla derretida**
1	**limón rebanado**
2 c/das	**perejil picado**
¼ c/dita	**albahaca**

Precaliente el horno a 230°C (450°F).

Quite la piel del pescado, unte con mantequilla un molde refractario y acomode los filetes sobre las cebollitas de Cambray, sazone con sal y pimienta y deje aparte.

Mezcle los tomates y el azúcar en un tazón y póngalos alrededor del pescado; bañe todo con mantequilla derretida y hornee 10 minutos.

Acomode en un platón, adorne con rebanadas de limón y espárzale perejil y albahaca. Sirva.

PESCADO A LA INGLESA

8 porciones

1 taza	**harina**
½ c/dita	**polvo de hornear**
⅛ c/dita	**bicarbonato de sodio**
¾ c/dita	**sal**
1	**pizca pimienta blanca**
1 taza	**cerveza**
4 tazas	**(1 L) aceite vegetal**
1	**clara de huevo**
900 g	**(2 lbs) filete de bacalao, cortado en tiras de 2 cm (¾ de pulgada)**

Cierna todos los ingredientes secos en un tazón.

Agregue la cerveza lentamente. Bata rápidamente. Deje reposar durante 1½ hora.

Caliente el aceite a 190°C (375°F).

Bata la clara de huevo a punto de nieve. En forma envolvente, y incorpórela a la masa.

Pase el pescado por la masa. Usando un cucharón con hoyos, escurra el exceso de masa y coloque el pescado en el aceite caliente. Fría durante 2½ ó 3 minutos, o hasta que se dore.

Saque y mantenga caliente en un platón forrado con papel absorbente.

FILETES DE BACALAO
CON SALSA DE CAMARONES

4 porciones

2 c/das	mantequilla
2 c/das	harina
1 taza	leche
½ c/dita	sal
¼ c/dita	pimienta
1 c/da	jugo de limón
¾ taza	camarones enlatados escurridos
500 g	(1 lb) filetes de bacalao
¾ taza	queso mozzarella rallado
	paprika y perejil

Mezcle la mantequilla, la harina, la leche, la sal y la pimienta en una taza.

Cocine en el horno de microondas en HIGH (Alto) de 3 a 4 minutos, revolviendo cada minuto.

Agregue el jugo de limón y los camarones.

Coloque los filetes de bacalao en un molde refractario rectangular de 15 x 20 cm (6 x 8 pulgadas) y tape con una toalla de papel. Cocine en HIGH (Alto) 3 minutos.

Vierta la salsa de camarones sobre los filetes de pescado, espárzales queso y paprika, adorne con perejil y cocine de 3 a 4 minutos más.

CREPAS DE MARISCOS AL PARMESANO

4 porciones

2 c/das	mantequilla
1	calabacita pequeña picada
375 g	(¾ lb) camarones pelados
375 g	(¾ lb) veneras partidas por la mitad
1 ½ taza	salsa blanca caliente
½ taza	queso parmesano rallado
8	crepas
	sal y pimienta

Caliente la mantequilla en una olla grande. Agregue la calabacita y sazone bien. Tape y cocine 3 minutos a fuego medio. Agregue los camarones y las veneras; revuelva y rectifique el sazón. Tape y cocine de 3 a 4 minutos a fuego medio.

Viértale la salsa blanca y la mitad del queso; cocine 2 minutos a fuego lento.

Rellene las crepas con la mayor parte de los mariscos. Enróllelas y acomódelas en un molde refractario.

Vierta la salsa restante y cubra con queso.

Deje 1 minuto en la parte superior del horno y sírvalas.

TRUCHA CON ALMENDRAS

4 porciones

4	**truchas limpias y sin escamas**
¼ taza	**harina**
1 c/da	**aceite vegetal**
3 c/das	**mantequilla**
¼ taza	**almendras en tiritas**
1 c/da	**perejil picado**
	jugo de ½ limón
	sal y pimienta

Precaliente el horno a 190°C (375°F).

Sazone las truchas y enharínelas.

Caliente el aceite y 1 cucharada de mantequilla en una sartén grande. Agregue las truchas y fríalas 3 minutos a fuego medio. Voltéelas y siga friéndolas 3 minutos más. Sáquelas de la sartén y acabe de cocerlas durante 8 ó 10 minutos en el horno.

Antes de que estén cocidas, caliente el resto de la mantequilla en una sartén. Ponga las almendras y cocínelas 3 minutos para que se doren.

Agregue el perejil y el jugo de limón; cocínelas 1 minuto más. Rectifique el sazón.

Vierta la salsa de almendras sobre las truchas y sírvalas con verduras y ensalada.

HIPOGLOSO GRATINADO

4 porciones

1 kg	**(2½ lbs) hipogloso en trozos**
½ taza	**consomé de pollo**
2 c/ditas	**perejil**
1 c/dita	**estragón**
½ taza	**queso cheddar rallado**
1	**clara batida a punto de nieve**

Precaliente el horno a 205°C (400°F).

Coloque las piezas de hipogloso en un molde refractario, agregue el consommé de pollo, espárzale perejil y estragón y hornee 10 minutos.

Saque del horno, quite el exceso de líquido y deje aparte.

Agréguele el queso a la clara batida, extienda la mezcla sobre el pescado y ponga a gratinar.

TRUCHA RELLENA CON CHAMPIÑONES

4 porciones

4	truchas limpias y sin escamas		3 c/das	crema espesa
2 c/das	mantequilla		1 c/da	hinojo fresco molido
3	cebollitas de Cambray finamente picadas		1 c/dita	cebollinos picados
½	tallo de apio finamente picado		½ taza	harina
125 g	(¼ lb) champiñones limpios y finamente picados			sal y pimienta
4 c/das	pan molido			

Precaliente el horno a 190°C (375°F).

Pida al pescadero que limpie la trucha y le quite las escamas. Asegúrese de que le quite también las aletas. Deje el pescado aparte. Caliente la mantequilla en una sartén. Ponga las cebollitas y el apio y fríalos 3 minutos a fuego medio. Agregue los champiñones y sazone bien; siga cocinando 3 minutos más.

Ponga el pan molido y revuelva bien.

Agregue la crema, el hinojo y los cebollinos; cocine 3 minutos.

Quite la sartén del fuego y rellene la trucha. Amárrela con un cordel.

Enharine y hornee de 12 a 15 minutos.

FILETES DE LENGUADO OLGA

4 porciones

4	papas grandes
4	filetes de lenguado de 170 g (6 onzas) cada uno
4 tazas	(1 L) caldo o agua salada
1 taza	camarones de pacotilla
1 taza	salsa de vino blanco
1 taza	queso cheddar rallado

Precaliente el horno a 200°C (400°F).

Lave y corte las papas.

Cueza las papas en el horno hasta que estén blandas. Sáquelas del horno.

Corte la parte superior. Saque la pulpa dejando la cáscara.

Doble los filetes. Caliente el caldo y cueza los filetes a fuego lento.

Ponga 2 cucharadas de camarones dentro de las papas. Agregue los filetes cocidos.

Ponga 2 cucharadas de salsa de vino blanco.

Espolveree el queso.

Vuelva a poner en el horno de 8 a 10 minutos, o hasta que el queso se dore. Sirva.

PUCHERO DE PESCADO CON SALSA AURORA

4 porciones

125 g	(¼ lb) lenguado	1	hoja de laurel
125 g	(¼ lb) pejesapo	1	pizca de tomillo
125 g	(¼ lb) hipogloso		jugo de ½ limón
¼ taza	nabo	2 c/das	harina
¼ taza	apio	2½ tazas	agua
¼ taza	puerros	2 c/das	pasta de tomate
¼ taza	papas		sal y pimienta
¼ taza	zanahorias	4	hojas de col blanqueadas
¼ taza	mantequilla		

Corte el pescado en tiras y las verduras en cubos.

Derrita la mantequilla en una cacerola y saltee las verduras a fuego lento. Tape y cocine 6 minutos más.

Agregue la hoja de laurel, el tomillo, el jugo de limón y la harina, cocine 4 minutos más, revolviendo constantemente.

Agregue el agua, la pasta de tomate y el pescado y deje espesar, baje el fuego y cocine 15 minutos.

Sazone con sal y pimienta.

Extienda las hojas de col en un platón y ponga el pescado en el centro.

ROLLITOS DE PESCADO BLANCO

6 porciones

3	tiras de tocino
1	zanahoria en cubitos finos
1	tallo de apio en cubitos finos
1	cebolla pequeña en cubitos finos
1 taza	queso havarti rallado
6	filetes de pescado blanco
2 c/das	mantequilla
2 tazas	salsa Mornay

Precaliente el horno a 180°C (350°F).

Pique finamente el tocino y saltee.

Agregue las verduras y saltee hasta que estén blandas. Deje enfriar.

Combine las verduras y el tocino con el queso.

Extienda esta mezcla sobre cada filete y enrolle.

Hornee en un molde refractario engrasado con la mantequilla de 15 a 20 minutos.

Saque del horno, acomode en los platos y cubra con la salsa Mornay caliente.

BROCHETAS DE REBANADAS DE TRUCHA

4 porciones

4	**truchas pequeñas de 175 g (6 onzas) en rebanadas de 1 cm (½ pulgada)**	
8	**papas pequeñas rebanadas**	
1	**cebolla en cubos**	
24	**trozos de tocineta**	

Salmuera

4	**chalotes finamente rebanados**
¼ taza	**jugo de naranja**
¼ taza	**vino blanco**
½ taza	**yogurt natural**
2 c/das	**aceite vegetal**
2 c/das	**perejil picado**
½ c/dita	**tomillo**
	sal y pimienta
2 c/das	**mantequilla**

Ensarte la trucha en las brochetas de madera alternando con las verduras (ponga un trozo de tocineta a cada lado de la trucha). Coloque la brocheta de pescado en un platón largo y hondo.

Mezcle los ingredientes de la salmuera en un tazón, excepto la mantequilla, vierta sobre las brochetas y marine 24 horas volteándolas de vez en cuando.

Derrita la mantequilla en una sartén grande y fría las brochetas 6 minutos por cada lado.

PEJESAPO RELLENO DE ESPINACAS

4 porciones

Relleno

125 g	**(½ lb) carne de pejesapo**
¼ taza	**espinacas cocidas escurridas**
	sal y pimienta
2	**huevos**
¼ taza	**crema espesa**
12	**filetes pequeños de pejesapo molidos**
½ taza	**clamato**

Mezcla para Gratinar

¼ taza	**espinacas cocidas escurridas**
2	**yemas**
⅓ taza	**queso rallado**
2 c/das	**mantequilla**

Precaliente el horno a 205°C (400°F).

Pique la carne de pejesapo y las espinacas en un procesador de alimentos, sazone con sal y pimienta. Agregue los huevos uno a uno, revolviendo bien después de cada uno. Vierta lentamente la crema y esparza la mezcla sobre los trozos de pescado.

Ponga los filetes molidos, uno sobre otro, en un molde refractario y vierta el clamato sobre el pescado; tape y hornee 15 minutos.

Mientra tanto, una todos los ingredientes de la mezcla para gratinar, extiéndala sobre los filetes y deje 2 minutos en la parte superior del horno.

Pásela a un platón y mantenga caliente.

Permita que el jugo de la cocción se consuma un poco y rocíe ligeramente el pescado.

MEJILLONES MARINERA

4 porciones

4 kg	**(8½ lbs) mejillones frescos lavados y sin barbas**
2 c/das	**chalotes finamente picados**
½ taza	**vino blanco seco**
2 c/das	**perejil picado**
1 c/da	**jugo de limón**
3 c/das	**mantequilla**
½ taza	**crema espesa**
	pimienta recién molida

Ponga los mejillones limpios en una olla grande. Agregue los chalotes, el vino, 1 cucharada de perejil, el jugo de limón y la mantequilla. Tápelos y deje que hiervan.

Cuando las conchas se abran, sáquelas de una en una y vuelva a poner en la olla el líquido que quedó en las conchas. Deje aparte.

Cuele el líquido mediante una manta de cielo, vaciándolo a una cacerola. Agregue la crema y sazone bien con pimienta; cocine de 3 a 4 minutos a fuego alto. Agregue el perejil restante y ponga los mejillones en la salsa. Deje hervir 2 minutos a fuego lento.

Sirva los mejillones en las conchas con suficiente salsa.

MEJILLONES A LA ITALIANA

4 porciones

4 kg	**(8½ lbs) mejillones frescos lavados y sin barbas**
½ taza	**agua**
2 c/das	**perejil picado**
3	**dientes de ajo machacados y picados**
3 c/das	**mantequilla**
½ taza	**vino blanco seco**
3½ tazas	**tomates enlatados, escurridos y picados**
¼ c/dita	**orégano**
	unos cuantos chiles machacados
	pimienta recién molida
	jugo de ½ limón

Ponga los mejillones limpios y el agua en una olla grande. Agregue el perejil, 1 diente de ajo picado, 2 cucharadas de mantequilla y los chiles machacados. Espárzale la pimienta y el jugo de limón. Tape y deje que hierva. Cuando las conchas se abran, sáquelas de una en una y vuelva a poner en la olla el líquido que quedó en las conchas. Deje aparte.

Cuele el líquido mediante una manta de cielo y vacíelo a un tazón; guárdelo para otros usos.

Caliente el resto de la mantequilla en una sartén. Agregue el ajo restante y fríalo 2 minutos a fuego medio.

Agregue el vino y cocine 2 minutos a fuego alto. Incorpore los tomates y sazone con pimienta; deje cocer 1 minuto más.

Agregue el orégano y termine de cocinar a fuego alto durante 7 u 8 minutos; revuelva ocasionalmente.

Ponga los mejillones con la mezcla de tomate en media concha. Cocine 2 minutos más para recalentar.

Sírvalos.

BROCHETAS DE ATÚN CON HINOJO

4 porciones

675 g	(1½ lb) atún cortado en cubos
2	tomates en rebanadas
2	cebollas rebanadas
4	rebanadas de tocineta
1	pimiento rojo en cubos

Salmuera

¼ taza	jugo de limón
¼ taza	jugo de tomate
½ c/dita	estragón
½ c/dita	albahaca
3	dientes de ajo finamente picados
½ c/dita	pimienta negra
2 c/das	aceite de oliva
2 c/das	hojas frescas de hinojo finamente picadas
	sal y pimienta

Ensarte los cubos de atún en los alambres alternando con las verduras y ponga en un platón hondo.

Mezcle todos los ingredientes de la salmuera en un tazón, rocíe las brochetas y marine 24 horas volteando de vez en cuando.

Precaliente el elemento térmico superior del horno y ase las brochetas 8 minutos rociando constantemente con la salmuera.

Sirva.

PASTEL DE PESCADO

4 porciones

10	papas cocidas
	sal y pimienta
2 c/das	mantequilla
1	cebolla finamente picada
2 c/das	perejil picado
500 g	(1 lb) pescado cocido
	agua
1	clara batida

Salsa Aromática

3 c/das	mantequilla
1	cebolla finamente picada
1	diente de ajo finamente rebanado
½ taza	catsup
½ taza	agua
1 c/dita	salsa inglesa
1 c/da	vinagre
¾ c/dita	azúcar

Precaliente el horno a 190°C (375°F).

Haga un puré de papas espeso y sazone con sal y pimienta. Derrita la mantequilla en una sartén, saltee y revuelva la cebolla, el perejil y el pescado. Vacíe la mezcla en el puré de papas.

Extienda la mezcla en una hoja de papel parafinado y enrolle para dar forma. Quite el papel.

Mezcle el huevo batido con un poco de agua en un tazón, unte el pastel con esta mezcla y hornee 20 minutos o hasta que el pastel dore. Sirva con la salsa aromática.

Salsa Aromática

Derrita la mantequilla en una cacerola, saltee la cebolla, agregue los otros ingredientes y cueza a fuego lento aproximadamente 30 minutos.

SANDWICHES DE MARISCOS PAMELA

6 porciones

¼ taza	aceite
2	dientes de ajo finamente picados
1	cebolla chica en cubitos finos
1	pimiento verde en cubitos finos
125 g	(4 onzas) champiñones rebanados
2	tallos de apio finamente picados
500 g	(1 lb) camarones pelados y desvenados
2 tazas	tomates hechos puré
¼ c/dita	orégano
¼ c/dita	hojas de tomillo
¼ c/dita	albahaca
¼ c/dita	chile en polvo
¼ c/dita	paprika
¼ c/dita	pimienta
1 c/dita	sal
500 g	(1 lb) carne de jaiba cocida
1	pan francés cortado en 6 rebanadas gruesas
2 tazas	queso cheddar rallado

Caliente el aceite en una sartén grande. Agregue el ajo, la cebolla, el pimiento, los champiñones y el apio; saltee hasta que estén blandos.

Agregue los camarones; cueza hasta que queden color de rosa. Agregue el puré de tomate y los condimentos; revuelva. Cueza a fuego lento durante 10 minutos.

Agregue la carne de jaiba y cueza a fuego lento por 5 minutos más.

Saque un poco del migajón al pan rebanado para formar un hueco. Ponga el pan en un molde refractario en la parte superior del horno y tuéstelo.

Saque del horno y rellene el hueco con la mezcla de mariscos.

Esparza el queso y vuelva a poner en el horno 1 minuto, o hasta que se dore.

VOLOVANES DE MARISCOS CON QUESO

4 porciones

3 c/das	mantequilla	375 g	(¾ lb) camarones pelados
125 g	(¼ lb) champiñones frescos limpios y en cubitos	250 g	(½ lb) veneras
½	calabacita en cubitos	4	barritas de cangrejo en cubitos
3 c/das	harina	¾ taza	queso suizo rallado
1½ taza	caldo de pollo caliente	4	volovanes horneados
1 c/da	hinojo fresco picado		sal y pimienta
2	hojas de menta (fresca, si posible)		jugo de limón al gusto
¼ taza	crema espesa		

Caliente la mantequilla en una cacerola grande. Ponga los champiñones y los cubitos de calabacita y cocínelos 3 minutos a fuego medio.

Agregue la harina y cocine 1 minuto más.

Vacíele el caldo de pollo y sazone bien. Agregue el hinojo y la menta; revuelva y cocine de 4 a 5 minutos a fuego medio.

Ponga la crema y cocine 2 minutos a fuego medio; rectifique el sazón.

Agregue los camarones y las veneras; deje hervir 3 minutos a fuego lento.

Agregue las barritas de cangrejo, revuelva y deje a fuego lento 2 minutos más. Ponga la mitad del queso.

Llene los volovanes y cubra con el queso restante.

Ponga 2 minutos al horno o hasta que el queso se derrita.

Sirva inmediatamente.

CAMARONES TEMPURA

6 porciones

½ taza	leche
2¾ tazas	harina
2 c/das	fécula de maíz
1 c/dita	polvo de hornear
1 c/dita	sal
2	huevos batidos
4 tazas	(1 L) aceite
1 kg	(2¼ lbs) camarones pelados y desvenados

Mezcle la leche, ¾ de taza de harina, la fécula de maíz, el polvo de hornear, la sal, los huevos y 2 cucharadas de aceite hasta formar una masa sin grumos.

Caliente el resto del aceite a 190°C (375°F).

Pase los camarones por la harina restante y luego por la masa.

Cueza en el aceite de 2½ a 3 minutos. Sirva calientes.

JAIBA AL HORNO GRATINADA

6-8 porciones

1	cebolla mediana picada
1	pimiento verde picado
1	pimiento rojo picado
8	champiñones grandes rebanados
2	tomates grandes pelados sin semillas y picados
¼ taza	mantequilla

¼ taza	harina
1 ¼ taza	crema espesa
1 kg	(2 ¼ lbs) carne de jaiba cocida
	sal y pimienta
¼ taza	almendras rebanadas
2 tazas	queso cheddar mediano rallado

Precaliente el horno a 230°C (450°F).

Saltee las verduras en la mantequilla hasta que estén blandas. Espolveree harina; revuelva hasta que quede todo bien mezclado.

Agregue la crema y cueza a fuego lento, revolviendo hasta que espese. Incorpore la carne de jaiba y condimente al gusto.

Con un cucharón, coloque la mezcla caliente en un molde refractario poco hondo y engrasado.

Espolveree las almendras y el queso.

Hornee hasta que el queso se dore ligeramente.

ESTOFADO DE CAMARONES

6 porciones

½ taza	mantequilla
1	cebolla en cubitos
1	pimiento verde en cubitos
1 kg	(2 ¼ lbs) camarones pelados y desvenados
2 tazas	salsa de tomate
1 c/dita	sal
1 c/dita	pimienta
1 c/dita	paprika

½ c/dita	orégano
½ c/dita	tomillo
½ c/dita	pimienta de Cayena
½ c/dita	ajo en polvo
½ c/dita	pimienta blanca
3 c/das	cebollitas de Cambray picadas
1 c/da	perejil seco

Derrita la mantequilla y saltee la cebolla y el pimiento verde.

Agregue los camarones y cueza a fuego lento.

Agregue la salsa de tomate y los condimentos, excepto el perejil. Cueza a fuego lento, a medio tapar, durante 20 minutos.

Incorpore las cebollitas y el perejil.

Sirva sobre tallarines o arroz.

FAMOSAS COQUILLES SAINT-JACQUES

4 porciones

3 c/das	mantequilla
500 g	(1 lb) veneras frescas
2 c/das	chalotes picados
1 c/da	perejil fresco picado
2 c/das	cebollinos frescos picados
½ taza	pan molido grueso
	sal y pimienta
	mantequilla derretida

Precaliente el horno a 200°C (400°F).

Caliente 3 cucharadas de mantequilla en una sartén.

Ponga las veneras y cocine 3 minutos a fuego alto.

Agregue los chalotes, el perejil y los cebollinos; sazone bien. Cocine 2 minutos a fuego medio.

Revuelva bien y ponga la mezcla en las conchas especiales. Esparza encima el pan molido y humedézcalo con mantequilla derretida.

Hornee 3 minutos.

Sírvalas con limón.

VENERAS GRATINADAS

4 porciones

500 g	(1 lb) veneras	2 tazas	salsa Mornay
	caldo o agua salada	½ taza	queso cheddar suave, rallado
1½ taza	champiñones rebanados	½ taza	queso mozzarella, rallado
2 c/das	mantequilla	¾ taza	queso parmesano, rallado
½ taza	camarones de pacotilla cocidos		

Coloque las veneras en una cacerola de tamaño mediano y cubra con caldo o agua.

Cueza a fuego lento de 3 a 5 minutos o hasta que las veneras se hayan cocido completamente; escurra.

Mientras tanto, saltee los champiñones en la mantequilla a fuego alto.

Incorpore los champiñones y los camarones a la salsa Mornay.

Coloque las veneras en 4 moldes refractarios o conchas individuales.

Con un cucharón, vierta la salsa sobre las veneras y espolveree los quesos.

Hornee hasta que se derritan los quesos.

LANGOSTA HENRI DUVERNOIS

6 porciones

1 kg	**(2¼ lbs) carne de langosta**
¼ taza	**mantequilla**
½ taza	**poros cortados en tiritas**
⅔ taza	**jerez**
2 c/das	**brandy**
2 tazas	**crema espesa**
4 tazas	**arroz cocido caliente**

Saltee la carne de langosta en la mantequilla. Agregue los poros y cueza hasta que estén blandos.

Agregue el jerez y el brandy y cueza a fuego lento durante 5 minutos.

Saque la langosta y mantenga caliente.

Agregue la crema y deje que se reduzca el líquido a la mitad.

Coloque la langosta sobre el arroz; vierta la salsa sobre la langosta y sirva.

PINZAS DE JAIBA SILVIA

8 porciones

2 c/das	mantequilla		½ c/dita	pimienta
2¼ tazas	harina		1 c/dita	paprika
1 taza	leche		1 c/dita	sal
4 tazas	carne de jaiba cocida		2	huevos
½ c/dita	tomillo		1 taza	leche
½ c/dita	albahaca		3 tazas	pan, molido finamente
½ c/dita	orégano		4 tazas	(1 L) aceite

Caliente la mantequilla en una olla. Agregue ¼ de taza de harina y mezcle. Cueza 2 minutos.

Agregue 1 taza de leche y cueza a fuego lento hasta que esté muy espesa. Enfríe.

Agregue la carne de jaiba y mezcle.

Dé forma de pinzas de jaiba.

Coloque las 8 pinzas en un molde refractario forrado con papel parafinado.

Enfríe en el refrigerador durante 2 horas.

Caliente el aceite a 180°C (375°F). Mezcle los condimentos con la harina restante. Bata los huevos y agregue la leche. Espolveree las pinzas de jaiba con la harina condimentada y envuelva en los huevos y el pan molido.

Fría las pinzas una o dos a la vez hasta que se doren.

Sirva inmediatamente.

VENERAS CON PAPRIKA

4 porciones

3 c/das	mantequilla
500 g	(1 lb) veneras
3 c/das	harina
1 taza	crema espesa
¼ taza	jerez
1 c/da	paprika
3	cebollitas de Cambray finamente picadas

Caliente la mantequilla en una sartén grande. Agregue las veneras y saltee durante 5 minutos.

Espolveree con la harina. Cueza 2 minutos. Agregue la crema, el jerez y la paprika.

Baje el fuego y cueza a fuego lento de 8 a 10 minutos o hasta que espese.

Espolveree con las cebollitas. Sirva sobre arroz o fettuccine.

VENERAS CON ARROZ

4 porciones

1 c/da	mantequilla
2 c/das	cebolla finamente picada
1	calabacita en cubitos
1 taza	arroz de grano largo lavado y escurrido
1½ taza	caldo de pollo caliente
1 c/dita	semillas de hinojo

1 c/da	mantequilla
250 g	(½ lb) cabezas de champiñones, limpias
1 c/da	cebollinos picados
375 g	(¾ lb) veneras pequeñas o camarones
2 c/das	salsa de soya
	sal y pimienta

Precaliente el horno a 180°C (350°F).

Caliente 1 cucharada de mantequilla en una sartén refractaria. Agregue la cebolla y revuelva bien; fría de 2 a 3 minutos a fuego medio. Agregue la calabacita, la sal y la pimienta; fría 2 minutos más.

Añada el arroz, revolviéndolo y sofría 2 minutos.

Ponga el caldo de pollo y las semillas de hinojo; revuelva bien y deje que empiece a hervir. Sazone, tape y meta 18 minutos al horno. Mientras tanto, caliente 1 cucharada de mantequilla en una sartén.

Ponga los champiñones y los cebollinos; cocínelos 3 minutos.

Agregue las veneras y cocine 2 minutos a fuego alto. Ponga la salsa de soya y revuelva bien los ingredientes.

Aproximadamente 4 minutos antes de que esté cocido el arroz, incorpórele la mezcla de veneras.

Acabe el proceso de cocción y rectifique el sazón.

Adorne con pimientos picados y sirva con salsa de chutney.

LANGOSTINOS AL HORNO

4 porciones

20	langostinos
250 g	(½ lb) mantequilla suave
1 c/da	perejil picado
2	chalotes picados
2	dientes de ajo machacados y picados
1 c/da	jugo de limón
¼ c/dita	salsa Tabasco
2 c/das	pan molido
	sal y pimienta

Precaliente el horno a 200°C (400 °F).

Prepare los langostinos.

Ponga en un tazón la mantequilla con el perejil, los chalotes y el ajo; agregue el jugo de limón, la salsa Tabasco y el pan molido.

Revuelva y rectifique el sazón. Unte la mezcla sobre los langostinos. Cocínelos de 6 a 8 minutos en el horno, dependiendo del tamaño.

Sírvalos con arroz.

PIZZA DE MARISCOS

4 porciones

1½ taza	salsa bechamel
¾ taza	camarones cocidos
¾ taza	veneras cocidas
1	corteza para pizza
¾ taza	carne de cangrejo
1 taza	champiñones frescos finamente rebanados
2 tazas	queso mozzarella rallado

Precaliente el horno a 230°C (450°F).

Mezcle la salsa bechamel y los mariscos en un tazón; extienda la mezcla sobre la corteza para pizza.

Agregue los champiñones rebanados y el queso mozzarella. Hornee 10 minutos.

PESCADO FRITO CON CAMARONES

(4 porciones)

4	filetes de pescado de 170 a 200 g (6 a 7 onzas)
½ taza	harina
2 c/das	mantequilla
1 c/da	aceite vegetal
12	camarones cocidos, pelados y desvenados

2 c/das	almendras rebanadas tostadas
1 c/da	perejil fresco picado
	sal y pimienta
	jugo de ½ limón

Precaliente el horno a 70°C (150°F) y enharine el pescado.

Caliente 1 cucharada de mantequilla y el aceite en una sartén. Agregue el pescado y fríalo 3 minutos a fuego medio.

Voltee el pescado y sazónelo bien; siga friéndolo 3 ó 4 minutos más. Saque el pescado y consérvelo caliente en el horno.

Ponga el resto de la mantequilla en la sartén. Cuando se derrita, agregue los camarones, las almendras y el perejil.

Cocine 2 minutos a fuego medio y sazone bien.

Agregue el jugo de limón y hierva a fuego lento durante 1 minuto; rectifique el sazón.

Vierta sobre el pescado y acompañe con espárragos.

CROQUETAS DE PESCADO

4 porciones

1 taza	leche		1 taza	pescado cocido desmenuzado
2	hojas de laurel		1	huevo batido
3 c/das	mantequilla		2 c/das	perejil picado
3 c/das	harina		2	huevos batidos
1	cebolla finamente rebanada			pan molido
1 c/da	pimiento rojo			aceite

Caliente la leche con las hojas de laurel en una cacerola, retire del fuego y deje que entibie.

Derrita la mantequilla en una sartén, agregue la harina y fría unos minutos revolviendo constantemente. Retire del fuego.

Agregue la leche (sin las hojas de laurel) a la mezcla con harina, agregue las cebollas y el pimiento rojo, vuelva a poner en el fuego y deje hervir hasta que espese la salsa.

Agregue el pescado desmenuzado, el huevo batido y el perejil y coloque en un platón.

Deje enfriar y refrigere.

Enharínese las manos y forme barritas con el pescado; mójelas en huevo batido y empanice con pan molido.

Fría en aceite caliente hasta que se doren.

BARRITAS DE PESCADO FRITAS

4 porciones

1 c/dita	aceite
¼ c/dita	paprika
½ c/dita	polvo de hornear
1	huevo
½ taza	leche
¾ taza	harina
½ taza	galletas de soda desmoronadas u hojuelas de maíz
1 c/dita	sal
1 kg	barritas de pescado congeladas

Caliente aceite a 205°C (400°F) en la freidora.

Mezcle 1 cucharadita de aceite, la paprika, el polvo de hornear, el huevo y la leche en un tazón. Agregue la harina, las galletas de soda u hojuelas de maíz, la sal y revuelva.

Bañe las barritas con esta mezcla y fríalas hasta que doren.

Escurra bien y sirva con salsa tártara.

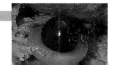

Aves

POLLO A LA SUIZA

8 porciones

8	**pechugas de pollo deshuesadas**
	sal y pimienta
	paprika
	aceite vegetal
250 g	**(8 onzas) jamón Selva Negra finamente rebanado**
16	**puntas de espárragos cocidas**
8	**rebanadas de queso suizo**

Espolvoree ligeramente las pechugas de pollo con sal, pimienta y paprika.

Saltee en aceite vegetal a fuego mediano o ase en el horno hasta que estén cocidas.

Coloque sobre cada pechuga jamón, 2 puntas de espárragos y una rebanada de queso.

Coloque bajo el elemento térmico superior precalentado hasta que el queso se derrita.

Sirva inmediatamente.

BROCHETAS DE POLLO

4 porciones

Salmuera		**750 g**	**(1½ lb) pechugas de pollo en cubitos**
½ taza	**aceite**	**8**	**papas miniatura cocidas o enlatadas**
¼ taza	**salsa de soya**	**8**	**copas de champiñones**
¼ taza	**miel**	**16**	**trozos de pimiento rojo**
2 c/das	**jugo de limón**	**16**	**trozos de pimiento verde**
1 c/dita	**cáscara de limón rallada**	**16**	**trozos de cebolla**
½ c/dita	**ajo picado**		
	perejil picado		

Combine en un tazón grande todos los ingredientes para la salmuera; agréguele las pechugas en cubitos y deje marinar de 4 a 6 horas, revolviendo periódicamente.

Ensarte el pollo en las brochetas, alternando con las verduras.

Ponga las brochetas en un recipiente para microondas y cocínelas de 10 a 12 minutos a MEDIUM-HIGH (Medio-Alto). Deje reposar 5 minutos.

Adorne cada brocheta con perejil y cebollinos.

POLLO CON ACEITUNAS Y CHAMPIÑONES

4 porciones

2 c/das	**mantequilla**
250 g	**(½ lb) champiñones rebanados**
	sal y pimienta
2 c/das	**perejil picado**
2 c/das	**aceite**
8	**piezas de pollo**
2 c/das	**cebolla picada**
2 c/das	**puré de tomate**
1 taza	**caldo de pollo**
½ taza	**aceitunas deshuesadas**

Derrita la mantequilla en una sartén grande.

Saltee los champiñones hasta que sequen. Sazone con sal y pimienta; espárzales perejil y deje aparte.

Caliente en una cacerola el aceite y dore las piezas de pollo. Sazone con sal y pimienta.

Agregue las cebollas y la pasta de tomate y cocínelo 2 minutos más, revolviendo constantemente.

Añada el caldo de pollo y las aceitunas y deje que la mezcla hierva a fuego lento durante una hora.

Ponga el pollo en un plato de servicio y acomódele los champiñones alrededor, sirviendo encima el líquido.

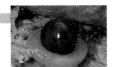

POLLO AL LIMÓN

4 porciones

3 c/das	aceite
4	pechugas de pollo deshuesadas, de 170 g (6 onzas) cada una
1 c/da	semillas de ajonjolí
2 c/das	mantequilla
¼ taza	azúcar
¼ taza	agua
¼ taza	jugo de limón
2 c/ditas	fécula de maíz
1 c/da	agua

Caliente el aceite en una sartén.

Aplane las pechugas de pollo y saltee durante 2½ minutos por cada lado. Cubra con semillas de ajonjolí. Retire de la sartén y manténgalas calientes.

Derrita la mantequilla en una cacerola. Agregue el azúcar. Revuelva constantemente y cueza hasta que el azúcar adquiera un color acaramelado.

Agregue ¼ taza de agua y jugo de limón y caliente hasta que suelte el hervor.

Mezcle la fécula de maíz con 1 cucharada de agua, agregue a la salsa y haga hervir nuevamente.

Vacíe la salsa sobre el pollo.

POLLO A LA MOSTAZA

4 porciones

8	piezas de pollo
1 c/da	mostaza de Dijon
1 c/da	aceite
1 c/dita	mantequilla
⅓ taza	leche
	sal y pimienta
¾ taza	crema espesa

Despelleje las piezas de pollo y cúbralas generosamente con mostaza.

Caliente el aceite en una sartén grande, póngale la mantequilla y dore el pollo. Quite la grasa del sartén y viértale la leche; sazone al gusto.

Baje el fuego al mínimo y cueza el pollo hasta que la carne se desprenda con facilidad al toque del tenedor.

Agréguele la crema; caliente unos minutos y sirva.

POLLO REBANADO SOBRE LINGUINE

4 porciones

1	pechuga de pollo entera, grande, deshuesada, sin pellejo y limpia
1 c/da	mantequilla
1 c/da	aceite vegetal
¼ taza	pimiento dulce picado
125 g	(¼ lb) champiñones rebanados
2	cebollitas de Cambray rebanadas
1	pimiento verde rebanado

1	diente de ajo picado
1 taza	salsa comercial de tomate caliente
1 taza	salsa comercial tipo gravy caliente
1 taza	brócoli cocido
4	porciones linguine cocido
	sal y pimienta
	queso parmesano rallado

Rebane el pollo en tiras largas de 0,65 cm (¼ pulgada) de grueso.

Caliente la mantequilla y el aceite en una olla. Cuando esté caliente, agregue el pollo y cocine 3 minutos a fuego medio.

Sazone y voltee las piezas de pollo; agregue el pimiento dulce, los champiñones, las cebollitas, el pimiento verde y el ajo. Cocine de 3 a 4 minutos a fuego medio.

Vierta ambas salsas y agregue el brócoli.

Revuelva bien y deje hervir suavemente durante varios minutos a fuego medio.

Acomode los linguine en los platos y sirva encima la mezcla de pollo; espolvoree queso al gusto.

Sirva.

ESCALOPAS DE POLLO ENROLLADAS

4 porciones

Mantequilla sazonada

1 c/da	mantequilla
1	pizca de cebollinos
1	pizca de ajo en polvo
1	pizca de pimienta negra molida

Empanizado

½ taza	hojuelas de maíz
1 c/da	queso parmesano rallado
1 c/dita	perejil
1 c/dita	paprika
2	yemas de huevo batidas
8	escalopas de pollo de 60 g (2 onzas) c/u

Precaliente el horno a 175°C (350°F).

Combine en un tazón pequeño la mantequilla con los cebollinos, el ajo en polvo y la pimienta y bata la mezcla para que se revuelva bien.

Combine las hojuelas de maíz con el queso parmesano, el perejil y la paprika en un tazón grande.

Ponga un poco de la mantequilla sazonada en cada escalopa.

Enróllela, métala en las yemas de huevo; cubra con el empanizado y fíjela con un palillo.

Cueza al horno entre 20 y 25 minutos.

POLLO MELBA

6 porciones

6	**pechugas de pollo deshuesadas**
1 taza	**rebanadas de durazno**
	(si son enlatadas, escurrir bien)
170 g	**(6 onzas) queso brie**
2 c/das	**mantequilla derretida**
1 taza	**salsa de frambuesas**
½ taza	**crema espesa**

Precaliente el horno a 180°C (350°F).

Aplane cada pechuga. Cubra con rebanadas de durazno y queso. Enrolle para rellenar la pechuga.

Coloque en un molde refractario engrasado y untar con mantequilla.

Ponga en el horno y cueza durante 15 minutos.

Vacíe la salsa de frambuesas en una cacerola; agregue la crema y cueza a fuego lento durante 5 minutos.

Vacíe la salsa sobre el pollo y sirva.

ALAS ADEREZADAS CON MIEL

4 porciones

2 c/das	aceite
	sal y pimienta
1 kg	(2¼ lbs) alas de pollo
1	diente de ajo machacado
2 c/das	salsa de soya
¼ taza	salsa dorada comercial
⅓ taza	miel
4 c/das	pasta de tomate
2 c/das	zanahorias en juliana
1 c/dita	perejil picado

Caliente el aceite en una sartén grande.

Sazone las alas con sal y pimienta y cocínelas a fuego lento durante 15 minutos, volteándolas 4 ó 5 veces mientras se cuecen.

Saque las alas de la sartén y quítele el aceite.

Ponga el ajo en la sartén, revuelva 20 segundos y agregue los otros ingredientes.

Vuelva a poner las alas a la sartén con la salsa, tápelas y cocínelas a fuego lento durante 5 minutos. Adorne con las zanahorias en juliana y el perejil picado. Sírvalas.

ALAS A LA MILANESA

4 porciones

2 c/das	aceite vegetal
1 kg	(2¼ lbs) alas de pollo
½ c/dita	tomillo
1	cebolla finamente picada
¾ taza	zanahoria en cubitos
2	dientes de ajo picados
2¼ tazas	tomates enlatados
2 tazas	salsa dorada comercial
2 c/das	perejil picado
	sal y pimienta

Caliente el aceite en una sartén grande y cocine las alas a fuego medio durante 5 minutos. Voltéelas unas cuantas veces mientras se cocinan y sazónelas con sal, pimienta y tomillo.

Agregue la cebolla y las zanahorias y cocine 3 minutos revolviendo constantemente. Agregue luego el ajo y cocine 30 segundos más.

Incorpórele los tomates y cocine a fuego medio otros 10 minutos.

Prepare la salsa siguiendo las indicaciones del sobre; viértala en la sartén y tape. Deje cocinar 10 minutos más.

Ponga las alas y las verduras en un platón de servicio, cúbralas con la salsa y espárzales perejil.

ALAS DE POLLO EN SALSA DE TOMATE

4 porciones

2 c/das	**aceite vegetal**
1 kg	**(2¼ lbs) alas de pollo limpias**
1	**cebolla pelada y picada**
½	**berenjena finamente picada**
1	**diente de ajo machacado y picado**
3¼ tazas	**tomates escurridos y picados**
½ taza	**salsa comercial tipo gravy caliente**
	sal y pimienta

Caliente el aceite en una olla grande. Cuando esté caliente, agregue el pollo y fría 3 minutos a fuego medio.

Sazone bien y voltee las alas; siga cocinando 3 minutos.

Agregue la cebolla a la olla y cocine 2 minutos más.

Añada la berenjena y el ajo; deje cocer 8 minutos a fuego medio, parcialmente tapado. Revuelva conforme lo requiera.

Agregue los tomates y cocine de 3 a 4 minutos, destapado, a fuego medio.

Rectifique el sazón.

Vierta la salsa y sazone bien.

Cocine 8 minutos a fuego medio, parcialmente tapado.

Revuelva ocasionalmente.

ALAS DE POLLO CON JENGIBRE Y AJO

4 porciones

¼ taza	**salsa soya**
2 c/ditas	**jengibre molido**
3 c/das	**azúcar mascabado**
1 c/dita	**ajo en polvo**
1 kg	**(2¼ lbs) alas de pollo**

Precaliente el horno a 180°C (350°F).

Mezcle la salsa soya, el jengibre, el azúcar y el ajo en polvo.

Vacíe sobre las alas de pollo y marine durante 2 horas.

Hornee durante 1 hora.

PECHUGAS DE POLLO A LA PAPILLOTE

6 porciones

6	**pechugas de pollo deshuesadas, de 170 g (6 onzas) cada una**
3 c/das	**mantequilla**
6	**pedazos de papel parafinado, enmantequillados (papillotes)**
12	**rebanadas jamón Selva Negra, de 30 g (1 onza) cada una**
¼ taza	**salsa italiana**

Precaliente el horno a 220°C (425°F).

Dore las pechugas en la mantequilla. Retirar del fuego y enfriar.

En una mitad del corazón de papel parafinado, coloque una rebanada de jamón y 1 cucharada de salsa sobre el jamón.

Luego coloque una pechuga sobre el jamón. Agregue 1 cucharada de salsa y después otra rebanada de jamón.

Doble el papel para envolver el pollo.

Selle el borde de modo que no escape aire durante la cocción.

Hornee hasta que los papillotes se inflen.

Sirva inmediatamente.

ESCALOPAS DE POLLO CON CALABACITAS

4 porciones

¼ taza	**mantequilla**	2	**yemas de huevo batidas**
2	**calabacitas rebanadas**	6 c/das	**pan molido**
	sal y pimienta	2 c/ditas	**jugo de limón**
¼ c/dita	**tomillo**	4 c/ditas	**agua**
4	**escalopas de pollo de 125 g (¼ lb) c/u harina sazonada**	2 c/das	**queso parmesano rallado**

Caliente en una sartén 2 cucharadas de mantequilla y saltee las rebanadas de calabacita; sazone con sal y pimienta, espolvoréeles tomillo y consérvelas calientes en el horno.

Enharine las escalopas de pollo, sumérjalas en el huevo batido y cúbralas con el pan molido.

Caliente en otra sartén 2 cucharadas de mantequilla y cocine las escalopas a fuego lento. Sáquelas de la sartén y para que no se enfríen, métalas al horno en un platón de servicio.

En la misma sartén vierta el jugo de limón y el agua; revuelva suavemente y vierta el líquido sobre las escalopas.

Ponga el pollo sobre un nido de calabacitas, espolvoree con parmesano rallado y sirva.

PRESAS DE POLLO GRATINADAS

4 porciones

2 a 2,5 kg	(4 a 5 lbs) pollo para asar, cortado en 6 presas, despellejado y limpio
3	ramas de perejil
1	hoja de laurel
½	cebolla tachonada de clavos
1 c/dita	nuez moscada

3 c/das	mantequilla
3½ c/das	harina
½ taza	queso emmenthal rallado
	caldo de pollo caliente
	sal y pimienta

Ponga el pollo en una olla grande para asado. Vacíele suficiente agua para cubrirlo y deje que empiece a hervir encima de la estufa; tape con papel de aluminio.

Escurra el pollo y ponga suficiente caldo de pollo caliente para que lo cubra.

Agregue las ramas de perejil, la hoja de laurel, la cebolla y la nuez moscada; sazone bien. Tape con el papel de aluminio y deje que empiece a hervir. Cueza 30 minutos a fuego lento.

Saque el pollo de la olla y páselo a un platón de servicio. Guarde 2 tazas del caldo y déjelas aparte.

Caliente la mantequilla en una cacerola. Cuando esté caliente, agregue la harina y cocine 1 minuto a fuego lento.

Vacíe 2 tazas del caldo que apartó; deje que empiece a hervir.

Sazone y cocine de 5 a 6 minutos a fuego medio.

Agregue ¾ del queso a la salsa; revuelva bien y siga cociendo 1 minuto más.

Vierta la salsa y el queso sobre el pollo.

POLLO FRITO MARYLAND

4 porciones

2	pechugas de pollo grandes, enteras, deshuesadas, sin pellejo y limpias
1 taza	harina sazonada
2	huevos batidos
1½ taza	pan molido
2 c/das	aceite vegetal

4	plátanos
4 c/das	mascabado
8	rebanadas tocino frito, para acompañamiento
	sal y pimienta

Precaliente el horno a 190°C (375°F).

Enharine el pollo; mójelo con el huevo batido y cubra con pan molido.

Caliente el aceite en una sartén. Cuando esté caliente, agregue el pollo y fríalo 4 minutos a fuego medio.

Voltee las pechugas y fríalas 4 minutos más. Sazónelas bien.

Ponga el pollo en un molde refractario y meta al horno 10 ó 12 minutos.

Mientras tanto, prepare los plátanos quitándoles parte de la cáscara. Espolvoréelos con el mascabado y póngalos sobre un molde refractario.

Cocine los plátanos de 5 a 6 minutos en el horno, junto al pollo. Las cáscaras se ponen negras.

POLLO CON CURRY

4 porciones

2 c/das	mantequilla
2	dientes de ajo finamente picados
1½ taza	manzanas picadas
½ taza	cebollas picadas
1 c/dita	sal
1 c/da	curry en polvo
2 c/das	harina
2 tazas	crema ligera
2 tazas	pollo cocido en cubitos

En una olla, derrita la mantequilla y agregue el ajo, las manzanas y las cebollas. Saltee hasta que estén blandas.

Agregue la sal, el curry en polvo y la harina. Mezcle bien.

Gradualmente agregue la crema, el pollo y cueza a fuego lento durante 5 minutos.

Sirva sobre arroz.

POLLO CON PIÑA

4 porciones

2 c/das	mantequilla
2	pechugas de pollo grandes enteras, deshuesadas, sin pellejo y limpias
3	manzanas sin corazón peladas y rebanadas
1½ taza	caldo de pollo caliente

¼ taza	jugo de piña
	anillos de piña
	unas gotas de jugo de limón sin semilla
	sal y pimienta

Caliente la mantequilla en una olla. Cuando esté caliente, agregue el pollo y rocíe con el jugo de limón. Tape y fría 4 minutos a fuego medio.

Sazone el pollo y voltéelo; siga friéndolo 4 minutos, tapado.

Voltee otra vez el pollo; tape y cocine 8 minutos a fuego medio.

Ponga en la olla las manzanas, el caldo de pollo y el jugo de piña. Revuelva bien y tape; cocine de 3 a 4 minutos.

Sazone bien y agregue los anillos de piña; tape y deje hervir a fuego medio de 1 a 2 minutos.

Sirva.

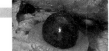

TIRAS DE PECHUGA DE PAVO
EN CREMA DE BRÓCOLI

4 porciones

1 ¼ taza	**caldo de pollo**
6 c/das	**cebolla picada**
1	**diente de ajo picado**
1 ¼ taza	**floretes de brócoli**
½ taza	**crema espesa**
3 c/das	**mantequilla**
½ kg	**(1 lb) pechuga de pavo en tiras**
500 g	**sal y pimienta**

Ponga el caldo de pollo a hervir en una cacerola; agréguele la cebolla, el ajo, el brócoli y la crema. Deje hervir a fuego lento durante 10 minutos.

Licúe las verduras. Si es necesario, espésela unos minutos al fuego hasta que tenga la consistencia necesaria.

Derrita la mantequilla en una sartén y saltee el pavo; sazone con sal y pimienta.

Desgrase la sartén y vierta la crema de brócoli sobre la carne. Cocine 2 minutos a fuego lento.

Quite del fuego, rectifique el sazón y sirva.

CREPAS DE POLLO

4 porciones

2 c/das	**mantequilla**
1	**cebolla picada**
1 taza	**apio en cubos**
½	**pimiento verde o rojo en cubos**
2 tazas	**pollo cocido picado**
	sal y pimienta
	condimento para aves
1½ taza	**salsa bechamel**
8	**crepas cocinadas**
½ c/dita	**paprika**

Precaliente el horno a 205°C (400°F).

Derrita la mantequilla en una sartén y saltee la cebolla, el apio, el pimiento y el pollo picado. Sazone con sal, pimienta y condimento para aves y luego agréguele ½ taza de salsa bechamel.

Rellene las crepas, enróllelas y acomódelas en un molde refractario. Caliéntelas en el horno aproximadamente 20 minutos hasta que doren.

Sáquelas del horno. Viértales encima el resto de la salsa bechamel y espolvoréeles paprika.

CROQUETAS DE POLLO CON ELOTE

4 porciones

3 c/das	**mantequilla**
3 c/das	**harina**
1 taza	**leche caliente**
2 tazas	**elote en granos cocido**
1	**yema de huevo**
1½ taza	**pollo cocido finamente picado**
	sal y pimienta

Para recubrir: harina, huevos batidos y pan molido.

Caliente la mantequilla en una olla. Cuando esté caliente, agregue 3 cucharadas de harina y revuelva bien; cocine 1 minuto a fuego bajo.

Agregue la leche y sazone; cocine 5 minutos a fuego lento.

Añada el elote, la yema y el pollo; revuelva hasta que estén bien combinados. Cocine de 1 a 2 minutos a fuego medio.

Pase la mezcla a un platón grande, cubra con envoltura plástica. Refrigere 1 hora.

Haga rollos cilíndricos con la mezcla.

Enharine, moje con huevos batidos y cubra con pan molido.

Fría en la freidora o saltee en aceite caliente durante 4 minutos. Voltee para que se doren por todos los lados.

Acompáñelas con salsa para cóctel.

POLLO AL VINO (COQ AU VIN)

4 porciones

2,5 a 3 kg	(5 a 6 lbs) pollo para asar cortado en 8 presas, sin pellejo y limpio
1 taza	harina sazonada
2 c/das	aceite vegetal
1	cebolla limpia y picada
2	dientes de ajo machacados y picados
2 tazas	vino tinto seco
2 tazas	salsa comercial tipo gravy caliente
¼ c/dita	perifollo
1	hoja de laurel
250 g	(½ lb) cabezas de champiñones salteadas en mantequilla
½ taza	cebollitas miniatura cocidas
1	pizca de tomillo
	sal y pimienta

Caliente el horno previamente a 190°C (375°F).

Enharine el pollo; quítele el exceso de harina.

Caliente el aceite en una olla o en una freidora profunda. Cuando esté caliente, agregue el pollo y fríalo de 8 a 10 minutos a fuego medio. Voltee ocasionalmente las piezas.

Agregue la cebolla y el ajo picados; cocine de 2 a 3 minutos a fuego medio.

Vierta el vino y cocine de 5 a 6 minutos a fuego alto.

Revuelva bien la mezcla y agregue la salsa y las hierbas aromáticas; revuelva otra vez y deje que empiece a hervir.

Tape y hornee 35 minutos.

Ponga los champiñones y las cebollitas miniatura en la olla; siga cocinando el pollo al vino 10 minutos más.

Sirva con rebanadas gruesas de pan tostado.

POLLO DIVAN

4 porciones

4 tazas	brotes de brócoli
2 tazas	puré de papas
500 g	(1 lb) pechugas de pollo cocidas, deshuesadas, en cubitos
1⅓ taza	salsa Mornay
3	rebanadas de pan tostado cortadas en cuatro diagonalmente

Precaliente el horno a 150°C (300°F).

Cocine los brotes de brócoli hasta que estén tiernos pero firmes.

En un molde refractario poco hondo y engrasado, extender uniformemente el puré de papas.

Esparza el brócoli y el pollo en cubitos.

Rocíe con la salsa Mornay y hornee, sin tapar, de 25 a 30 minutos o hasta que esté bien caliente.

Coloque pan tostado alrededor con las puntas hacia arriba.

POLLO A LA KING

6 porciones

¼ taza	mantequilla	675 g	(1½ lb) pollo cocido y en cubitos
250 g	(½ lb) champiñones pequeñitos	3	yemas de huevo
¼ taza	pimiento verde en cubitos	½ c/dita	paprika
1	cebolla pequeña en cubitos	¼ taza	jerez
2	tallos de apio rebanados	¼ taza	pimiento morrón enlatado en cubitos
¼ taza	harina		sal y pimienta al gusto
2 tazas	crema espesa		

Saltee en la mantequilla los champiñones, el pimiento, la cebolla y el apio hasta que estén blandos.

Agregue la harina y mezcle bien. Agregue la crema, el pollo y cueza a fuego lento hasta que esté ligeramente espesa.

Bata las yemas con la paprika, el jerez y el pimiento morrón. En forma envolvente, incorpore a la salsa. Cueza a fuego lento durante 5 minutos.

Sazone al gusto y sirva en volovanes o pan tostado.

PAVO RELLENO

10 a 12 porciones

3	cebollas picadas	1	pavo de 4,5 a 5,5 kg (10 a 12 lbs)
¼ taza	mantequilla	6	rebanadas de tocino
500 g	(1 lb) carne de cerdo picada	3	cebollas rebanadas
500 g	(1 lb) carne de res picada	6	rebanadas de tocineta
2 tazas	arroz crudo (de cocción rápida)		sal y pimienta
2 tazas	apio picado	2 c/ditas	paprika
2 c/das	hierbas finas		

Precaliente el horno a 160°C (325°F).

Saltee las cebollas en mantequilla en una sartén grande.

Agregue las carnes picadas, el arroz, el apio y 1 cucharada de hierbas finas; cocine de 15 a 20 minutos.

Rellene el pavo con esta mezcla.

Forre un molde para asar con papel de aluminio y sobre éste, coloque las rebanadas de tocino.

Ponga el pavo encima.

Acomode sobre el pavo las cebollas y la tocineta; sazone con sal y pimienta y espolvoree 1 cucharada de hierbas finas y paprika.

Hornee de 20 a 30 minutos por cada 500 g (1 lb).

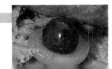

POLLO MIRANDA

4 porciones

2 a 3 kg	(4 a 5 lbs) pollo para asar, cortado en 8 presas, sin pellejo y limpio
1 taza	harina sazonada
2 c/das	aceite vegetal
½	cebolla finamente picada
1 c/da	jengibre fresco picado
1	pimiento verde finamente picado
1	pimiento rojo finamente picado
1 taza	floretes de brócoli pasados por agua hirviendo
1 c/da	salsa de soya
	sal y pimienta

Caliente el horno previamente a 190°C (375°F).

Deshuese los muslos de pollo y haga cortes en la carne de la pierna con un cuchillo. Enharínelos.

Caliente el aceite en un sartén grande. Agregue las presas de pollo y fríalas de 4 a 5 minutos a fuego medio.

Sazone las presas y voltéelas; siga friéndolas de 4 a 5 minutos.

Ponga la cebolla en la sartén, revuelva y rectifique el sazón. Tape y hornee 15 minutos.

Saque la carne blanca de la sartén y déjela aparte.

Siga horneando el resto del pollo por 10 minutos.

Ponga de nuevo la carne blanca y agregue el jengibre.

Ponga en la estufa a fuego medio y agregue todas las verduras; cocine de 4 a 5 minutos.

Agregue la salsa de soya y revuelva, dejando hervir a fuego lento durante varios minutos.

CACEROLA DE PIERNAS DE PAVO

4 porciones

2	piernas de pavo enteras
1	sobre pequeño de sopa instantánea de cebolla
¼ taza	azúcar morena
¼ taza	salsa picante
1 ¼ taza	crema de champiñones enlatada
½ taza	agua
4	papas finamente rebanadas
1	cebolla finamente picada
3	tallos de apio rebanados

Combine todos los ingredientes en una olla grande para microondas, tápela y cocine 10 minutos en HIGH (Alto).

Baje la temperatura del microondas a MEDIUM-HIGH (Medio-Alto) y cocine por 20 minutos más.

Revuelva una vez mientras se cocina y deje reposar la olla todavía cubierta, durante 5 minutos más antes de servir.

CONCHAS DE PAVO

4 porciones

2 c/das	mantequilla		1	pizca de pimienta de Cayena
¼ taza	harina		4 tazas	pavo cocido cortado en pedazos
2 tazas	leche			sal y pimienta
2 c/das	jerez		¼ taza	queso parmesano
1 c/dita	cebolla rallada		¼ taza	queso emmenthal
¼ c/dita	albahaca		6	rebanadas de pan
¼ c/dita	semillas de apio			

Precaliente el horno a 205°C (400°F).

Ponga la mantequilla a derretir en la parte superior de un hervidor doble; agregue la harina y viértale lentamente la leche revolviendo sin cesar. Cocine hasta que la salsa espese.

Agregue el jerez, la cebolla, la albahaca y las semillas de apio, junto con la pimienta de Cayena y los trozos de pavo. Sazone con sal y pimienta y cocine 15 minutos más.

Agregue los quesos parmesano y emmenthal, revuelva para que se derritan y luego deje aparte.

Quítele la corteza al pan y aplane la parte blanca con un rodillo; úntele mantequilla. Ponga la rebanadas de pan en moldes para panqué para que formen las conchas.

Hornee durante unos minutos hasta que doren.

Llene con la mezcla de pavo y sirva.

POLLO CORDON BLEU

6 porciones

6	pechugas de pollo deshuesadas, de 170 g (6 onzas) cada una		¼ taza	leche
170 g	(6 onzas) jamón Selva Negra		¼ taza	harina
170 g	(6 onzas) queso suizo		2 tazas	pan molido fino
2	huevos		½ taza	aceite
			1 taza	salsa Mornay

Precaliente el horno a 180°C (350°F).

Aplane las pechugas de pollo. Corte el jamón y el queso en 6 porciones iguales.

Coloque 1 pedazo de jamón y 1 pedazo de queso sobre cada pechuga de pollo.

Doble la pechuga para envolver el jamón y el queso.

Mezcle los huevos con la leche.

Espolvoree cada pechuga con harina. Pase por la mezcla de huevos. Ruede en pan molido.

Caliente el aceite y fría ligeramente.

Hornee de 8 a 10 minutos.

Sirva acompañado de salsa Mornay.

POLLO TIERNO EN VINO TINTO

6 a 8 porciones

2	**pollos tiernos de 2,3 kg (5 lbs) cada uno, cortados en 8 presas, despellejados y limpios**
1½ taza	**harina sazonada**
3 c/das	**aceite vegetal**
3 c/das	**mantequilla**
1	**cebolla en cubitos**
2	**dientes de ajo picados**
1 c/dita	**estragón**
1 c/ditas	**albahaca**
3 c/das	**harina**
4 tazas	**vino tinto seco**
2 c/das	**extracto comercial de res**
250 g	**(½ lb) champiñones limpios y en cubitos**
1 c/da	**perejil fresco picado**
	sal y pimienta
	unas cuantas gotas salsa Tabasco

Precaliente el horno a 180°C (350°F).

Enharine las piezas de pollo con la harina sazonada. Caliente la mitad del aceite en una olla grande.

Agregue la mitad del pollo y dórela de 3 a 4 minutos por cada lado. Sáquelo y deje aparte.

Repita el procedimiento con el pollo restante.

Caliente la mitad de la mantequilla en la misma olla.

Agregue la cebolla, ajo y todas las hierbas aromáticas; cocine de 6 a 7 minutos a fuego bajo.

Revuelva una o dos veces.

Incorpore 3 cucharadas de harina y cocine 1 a 2 minutos más. Ponga de nuevo en la olla las piezas de pollo que doró y sazónelo bien. Agregue el vino tinto y el extracto de res; deje que empiece a hervir.

Tape la olla y deje cocer 1¼ hora en el horno.

Después de 1 hora de cocción, vea si la carne blanca ya está cocida. Si es así, sáquela y deje que se acabe de cocer la carne oscura. Aproximadamente 10 minutos antes de servir, prepare el complemento. Caliente el resto de la mantequilla en una sartén. Saltee los champiñones 5 minutos a fuego medio. Agregue la salsa Tabasco, espolvoree perejil, sazónelos bien y sírvalos con el pollo.

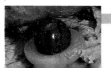

PATO CON MANZANAS

6 porciones

1	**pato de 1 kg (2¼ lbs)**
2 c/ditas	**sal**
1 taza	**jugo de manzana**
1 taza	**manzanas en cubitos**
¾ taza	**nueces de caoba**
¼ c/dita	**canela**
2 tazas	**arroz silvestre cocido**
1 taza	**aguardiente de manzana**
1 c/dita	**azúcar**

Precaliente el horno a 260°C (500°F).

Frote el exterior del pato con la sal. Hornee durante 10 minutos.

Reduzca el calor a 190°C (375°F). Bañe con el jugo de manzana. Saque el pato después de 20 minutos.

Mezcle las manzanas, nueces de caoba, arroz silvestre y la mitad del aguardiente de manzana. Rellene el pato con esta mezcla.

Vuelva a meter el pato al horno. Hornee durante 40 minutos más.

Coloque el pato en un platón. Espolvoréele azúcar.

Vacíe el resto del aguardiente de manzana sobre el pato. Flamee cuidadosamente.

Sirva immediatamente.

PAVO GRATINADO CON VERDURAS

4 porciones

¼ taza	**mantequilla**
1	**pechuga de pavo de 1 kg (2¼ lbs)**
1 taza	**floretes de brócoli**
1 taza	**coliflor**
1	**pimiento verde picado**
1¼ taza	**zanahorias miniatura enlatadas**
1¼ taza	**elotes miniatura enlatados**
1½ taza	**salsa dorada**
250 g	**(8 onzas) queso cheddar rallado**

Precaliente el horno a 230°C (450°F).

Derrita la mantequilla en una sartén y saltee la pechuga de pavo suavemente hasta que esté cocida.

Cueza el brócoli al vapor junto con la coliflor y el pimiento, aproximadamente 10 minutos.

Ponga la pechuga de pavo cocida en el centro de un molde refractario y acomode las verduras alrededor de la carne. Cubra con la salsa y espolvoree queso rallado. Ponga en el horno hasta que dore ligeramente.

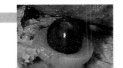

POLLO CON FRIJOLES

8 porciones

3 tazas	**frijoles rojos**		½ taza	**puré de tomate**
¼ taza	**mantequilla**		2 c/ditas	**sal**
1 taza	**cebollas en cubitos**		1 c/dita	**albahaca**
1	**pimiento verde en cubitos**		1 c/dita	**orégano**
3	**tallos de apio en cubitos**		2 c/ditas	**paprika**
125 g	**(4 onzas) champiñones rebanados**		2 c/ditas	**pimienta**
4 tazas	**pollo cocido en cubitos**		1¼ c/da	**chile en polvo**
4 tazas	**tomates sin semillas y picados**			

Remoje los frijoles durante toda la noche.

En una olla grande, ordinaria o de hierro, derrita la mantequilla.

Agregue las cebollas, el pimiento verde, el apio y los champiñones. Saltee hasta que estén blandos.

Incorpore el pollo.

Agregue los tomates, el puré de tomate, los frijoles, la sal y los condimentos.

Cueza a fuego lento durante 40 minutos. Sirva.

PIERNAS DE POLLO SALTEADAS

4 porciones

2 c/das	**aceite vegetal**		¼ c/dita	**orégano**
4	**piernas grandes de pollo, cortadas en dos, sin pellejo y limpias**		⅓	**pepino rebanado**
1	**cebolla pelada y rebanada**		2	**tomates maduros, en cubos grandes**
1	**berenjena pequeña rebanada**		1	**zanahoria grande pelada y rebanada**
2	**dientes de ajo machacados y picados**			**sal y pimienta**

Caliente el aceite en una olla grande. Cuando esté caliente, agregue el pollo y sazone generosamente. Fría de 4 a 5 minutos por cada lado a fuego medio.

Agregue la cebolla, la berenjena y sazone; revuelva para mezclar todo.

Agregue el ajo y el orégano; tape y cocine 10 minutos a fuego bajo.

Agregue el pepino, los tomates y la zanahoria; rectifique el sazón.

Cocine de 8 a 10 minutos a fuego medio, tapado. Revuelva ocasionalmente.

Sirva.

Carnes

FILETE MIGNON OSCAR

6 porciones

3 c/das	**mantequilla**
6	**bistecs de filete mignon de 170 g (6 onzas)**
250 g	**(8 onzas) carne de jaiba**
12	**espárragos cocidos durante 5 minutos**
6 c/das	**salsa Béarnaise**

Caliente la mantequilla y saltee los bistecs según la cocción deseada.

Coloque en un molde refractario; cubra con la carne de jaiba y los espárragos.

Coloque 1 cucharada de salsa sobre cada bistec y ase durante 30 segundos, o hasta que la salsa quede dorada.

ASADO DE COSTILLA

8 porciones

¼ taza	harina		2 c/das	salsa inglesa
2 c/das	mostaza en polvo		1	cebolla picada
1 c/dita	orégano		2	zanahorias picadas
1 c/dita	albahaca		2	tallos de apio picados
½ c/dita	tomillo		1	hoja de laurel
½ c/dita	sal		1 taza	vino tinto
2 kg	(4½ lbs) costilla de res		1 taza	agua

Precaliente el horno a 160°C (325°F). Mezcle la harina, la mostaza y los condimentos.

Unte la carne con la mezcla.

Colóquela en un molde refractario. Vacíele encima la salsa inglesa.

Ponga las verduras alrededor de la carne, agregue la hoja de laurel, el vino y el agua. Coloque en el horno.

Hornee según el grado de cocción deseado. Rocíe con el jugo.

Haga salsa para el asado con el jugo de la cocción.

BISTEC CON CHAMPIÑONES SAZONADOS

4 porciones

½ taza	mantequilla derretida
4	tibones de 4 cm (1½ pulgada) de grueso
1 taza	champiñones frescos en rebanadas
¼ taza	salsa inglesa
	sal y pimienta

Precaliente el elemento térmico superior del horno, por lo menos 10 minutos antes de comenzar a cocinar.

Derrita la mantequilla en una cacerola pequeña, a fuego lento.

Mientras tanto, coloque los bistecs en el horno y cúbralos con un tercio de la mantequilla derretida.

Ase los bistecs por lo menos a 10 cm (4 pulgadas) del elemento.

Voltéelos después de cinco minutos y cúbralos con el otro tercio de la mantequilla.

Cocine 5 minutos más.

Retire los bistecs y cúbralos con el último tercio de la mantequilla derretida.

Esparza los champiñones sobre los bistecs.

Agregue la salsa inglesa y sazone con sal y pimienta.

Cocine los bistecs sazonados y los champiñones por 3 minutos más para que queden a término medio.

El tiempo de cocción depende de cómo desee la carne.

FILETE SALISBURY

4 porciones

2½ c/das	aceite vegetal		1 c/dita	mantequilla
1	cebolla mediana pelada y finamente picada		1½ taza	salsa comercial tipo gravy caliente
900 g	(2 lbs) carne magra de res molida		1	pizca de albahaca dulce
1	huevo			un poco de clavo molido
2	cebollas cortadas en rebanadas delgadas			unos chiles molidos
				sal y pimienta

Precaliente el horno a 70°C (150°F).

Caliente 1 cucharada de aceite en una sartén pequeña; póngale la cebolla picada y las especias; tape y sofría a fuego lento durante 4 minutos.

Ponga la carne en un tazón grande y hágale un hueco en el centro, donde deja caer el huevo; revuelva bien con las manos. Agregue la cebolla sofrita y revuelva hasta que se incorporen bien. Rectifique el sazón.

Forme tortitas de 2 cm (¾ pulgada) de grueso y tráceles líneas con un cuchillo.

Caliente el resto del aceite en una sartén grande; póngale la carne y dórela de 10 a 12 minutos a fuego medio.

Voltee 3 ó 4 veces mientras dora y, cuando esté lista, sazónela bien. Pase la carne a un molde refractario y manténgala caliente en el horno.

Vacíe las cebollas y la mantequilla en la sartén. Sofríalas de 6 a 7 minutos a fuego medio.

Viértales la salsa tipo gravy y sazone bien; revuelva y cueza 3 minutos más.

POT-AU-FEU

6 porciones

1 kg	(2¼ lbs) paleta de res
12 tazas	(3 L) agua
1 c/dita	sal
1	zanahoria rebanada
1	nabo en cubitos
1	cebolla rebanada
1	chirivía en cubitos
2	tallos de apio en cubitos
2	calabacitas pequeñas en cubitos
1	col en cuartos
1	manojo de hierbas de olor

Ate la carne. Colóquela en una olla grande.

Agregue agua y sal. Tape y cueza a fuego lento durante 2 horas.

Agregue las verduras (excepto la col) y el manojo de hierbas.

Cueza a fuego lento durante 1½ hora más.

Agregue la col y cueza a fuego lento durante ½ hora más. Deseche el manojo de hierbas.

Sirva la carne y las verduras con un poquito de caldo.

CUETE AL HORNO

4 a 6 porciones

1 c/da	aceite vegetal		1	hoja de laurel
1,5 kg	(3¼ lbs) cuete limpio		¼ c/dita	tomillo
2 c/das	mantequilla derretida		1¼ taza	caldo de res caliente
1	diente de ajo cortado		1 c/dita	fécula de maíz
1	cebolla pelada y picada		1 c/dita	agua fría
½	tallo de apio picado			sal y pimienta

Precaliente el horno a 220°C (425°F).

Tiempo de cocción: 10 minutos por cada 500 g (1 lb).

Caliente el aceite en una sartén; póngale la carne y dórela de 4 a 6 minutos a fuego alto. Voltee la carne para que dore por todos lados y sazónela bien, pásela a un molde refractario.

Unte la carne con mantequilla derretida y hágale varios cortes, insertando en ellos ajo. Hornee aproximadamente 30 minutos, o hasta que esté a su gusto.

Saque el molde del horno y deje la carne aparte.

Ponga las verduras y las hierbas aromáticas en el molde; cuézalas de 4 a 5 minutos a fuego medio.

Agregue el caldo de res y deje hervir 4 a 5 minutos.

Mezcle la fécula de maíz con agua, agréguela a la salsa y deje que hierva de 1 a 2 minutos.

Cuele la salsa y sírvala con la carne.

TIRAS DE RES CON CHAMPIÑONES

4 porciones

1 c/da	mantequilla o margarina
500 g	(1 lb) tapa de res cortada en tiras delgadas
4	papas cortadas en cuadritos
4	zanahorias cortadas en tiras
1 lata	crema de champiñones
1¼ taza	agua
	sal y pimienta

Derrita la mantequilla en una sartén grande y saltee las tiras de carne.

Colóquelas en un plato para horno de microondas; agregue las papas, revuelva y cubra esta mezcla con las zanahorias.

Mezcle la crema de champiñones con el agua y vierta esta mezcla sobre las zanahorias. Sazone.

Hornee en el microondas durante 10 minutos con el control en HIGH (Alto).

Vea el grado de cocción de la carne, revuelva y cocine 10 minutos más.

ESTOFADO DE RES A LA ANTIGUA

6 porciones

1 kg	(2¼ lbs) carne de res para estofado	¼ taza	puré de tomate
¼ taza	aceite	1 c/dita	sal
4	papas en cubitos	½ c/dita	pimienta negra
1	cebolla en rebanadas delgadas	½ c/dita	albahaca
2	tallos de apio	½ c/dita	paprika
2	zanahorias en cubitos	1 c/dita	salsa inglesa
250 g	(8 onzas) champiñones pequeños	1 c/da	salsa soya
3 tazas	caldo de res		

Quítele la grasa a la carne. Caliente el aceite en una olla ordinaria o de hierro.

Agregue las papas, la cebolla, el apio, las zanahorias y los champiñones y saltee durante 3 minutos.

Agregue la carne de res y dore.

Agregue el caldo de res, el puré de tomate, los condimentos, la salsa inglesa y la salsa soya.

Caliente hasta que suelte el hervor.

Reduzca el calor y cueza a fuego lento durante 3 horas. Sirva.

CUBOS DE RES CON TOMATES

4 porciones

1 c/da	aceite	½ c/dita	jengibre
1 c/da	mantequilla	3 c/das	salsa inglesa
500 g	(1 lb) carne de res en cubos	2 c/das	mascabado
1⅔ lata	sopa de tomate enlatada	3 c/das	vinagre
1⅔ lata	tomates enlatados		sal de ajo al gusto
¾ taza	apio picado		sal y pimienta
1⅔ lata	champiñones enlatados		

Precaliente el horno a 175°C (350°F).

Caliente el aceite en una sartén grande y derrita la mantequilla para sellar los cubos de res. Después cambie la carne ligeramente dorada a un platón hondo y manténgala caliente en el horno.

Quite el exceso de grasa de la sartén, agregue todos los ingredientes y deje que empiecen a hervir.

Vacíe la mezcla sobre los cubos de res y hornee una hora.

Cámbielo a un platón caliente y sirva.

TOURNEDOS CON ESPINACAS

4 porciones

500 g	**(1 lb) espinacas frescas sin tallos o descongeladas**
4	**tiras de tocino o grasa de cerdo**
4	**filetes mignon**
2 c/ditas	**aceite de oliva**
2 c/ditas	**aceite de cacahuate o de girasol**
	sal y pimenta
2 c/ditas	**cebolla picada**
¼ taza	**aceitunas verdes picadas**
¼ taza	**vermouth blanco**

Precaliente el horno a 175°C (350°F).

Blanquee algunas hojas de espinacas en agua hirviendo con sal; una vez frías, séquelas.

Doble las hojas de espinaca al mismo ancho de las tiras de tocino o de la grasa de cerdo.

Envuelva las hojas de espinaca ya preparadas alrededor del filete mignon; enrólleles encima las tiras de tocino y ate con un cordón, asegurándose de cubrir las espinacas.

Caliente la mezcla de aceites en una sartén y fría los tournedos durante 4 minutos por cada lado. Después gire cada tournedos sobre sus orillas para fría uniformemente el tocino.

Saque los tournedos de la sartén y sazónelos con sal y pimienta.

Baje la temperatura.

Acomode los tournedos en un molde refractario y manténgalos calientes en el horno.

Sofría las cebollas en la misma sartén junto con las aceitunas y las espinacas restantes, revolviendo continuamente.

Después de 30 segundos vierta el vermouth sobre esta mezcla y retire la sartén del fuego. Vierta la mezcla sobre los tournedos y sirva.

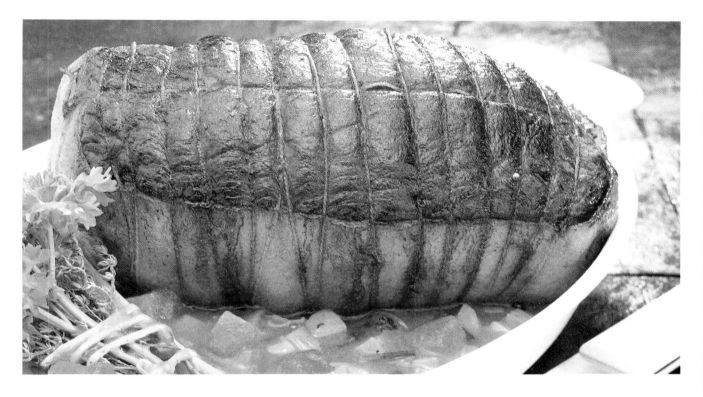

ASADO DE RES AL VINO

8 porciones

1 c/da	mantequilla		3 tazas	caldo de res
¼ taza	zanahorias finamente picadas		1 c/da	aceite de maíz
¼ taza	cebolla finamente picada		1 trozo	rosbif de 1 a 1,5 kg (2 a 3 lbs) deshuesado
¼ taza	puerro finamente picado			sal y pimienta
¼ taza	apio finamente picado		1	manojo de hierbas de olor
1 c/da	harina			
½ taza	vino tinto seco			

Derrita la mantequilla en una sartén gruesa y sofría las zanahorias, la cebolla, el puerro y el apio. Agrégueles la harina revolviendo continuamente la mezcla durante un minuto.

Desglase la sartén con el vino y deje que se consuma la mitad del líquido.

Agregue el caldo de res y deje que se consuma un tercio; desglase deje aparte.

En una cacerola ligeramente más grande que la carne y de fondo grueso, caliente el aceite y selle la carne por todos los lados sazonándola con sal y pimienta.

Vierta la salsa y hierva a fuego lento durante 1 hora con la cacerola parcialmente tapada.

Quince minutos antes de terminar el tiempo de cocción, agregue el manojo de hierbas de olor.

Ponga el asado en un platón caliente, cubra con papel de aluminio y deje reposar 10 minutos. Corte.

Si quiere obtener una salsa más espesa, licúe las verduras con la salsa, pero quite antes la hoja de laurel.

BISTEC TÁRTARO

4 porciones

750 g	**(1½ lb) entrecot sin grasa molido**
¼ c/dita	**salsa Tabasco**
1 c/dita	**salsa inglesa**
1 c/dita	**aceite de oliva**
4	**yemas de huevo**
4 c/das	**cebolla picada**
4 c/das	**alcaparras**
4 c/das	**perejil fresco picado**
4	**filetes de anchoa picados**
	sal y pimienta
	hojas de lechuga romanita
	hojas de achicoria
	alfalfa germinada

Revuelva la carne con las salsas Tabasco, inglesa y aceite de oliva. Condimente muy bien.

Acomode los platos individuales de esta manera:

Ponga en el centro del plato una torta grande de carne. Haga un hueco en el centro y ponga allí una yema de huevo.

Acomode varias hojas de lechuga alrededor del plato y llénelas con cebollas y alcaparras.

Adorne con el resto de los ingredientes.

BOLLOS RELLENOS

24 bollos

3 c/das	**aceite**
1	**cebolla grande finamente picada**
1,5 kg	**(3 lbs) molida de res**
1¼ taza	**sopa de pollo**
½ taza	**salsa picante o catsup**
2 c/ditas	**mostaza**
	sal y pimienta
24	**bollos de sal**

Precaliente el horno a 175°C (350°F)

Caliente el aceite en una sartén, fría la cebolla y agregue la carne molida. Fríala hasta que esté completamente cocida.

Agregue los otros ingredientes (excepto los bollos), revolviendo continuamente. Cueza la mezcla a fuego lento durante una hora o hasta que casi se haya consumido la totalidad del líquido y déjela reposar hasta que se enfríe.

Parta los bollos a lo largo y rellénelos con una pequeña cantidad de la mezcla.

Después envuélvalos en papel de aluminio.

Hornéelos 20 minutos antes de servirlos.

TACOS DE RES

4 porciones

2 c/das	**mantequilla**
500 g	**(1 lb) molida de res**
1	**cebolla mediana finamente picada**
1	**diente de ajo picado**
1 taza	**salsa de tomate**
2 c/ditas	**chile en polvo**
½ c/dita	**sal**
4	**tortillas o tostadas para tacos**
4	**hojas de lechuga finamente desmenuzadas**

Derrita la mantequilla en una sartén y saltee la carne molida con la cebolla y el ajo.

Agregue la salsa de tomate, el chile en polvo y la sal; cocínelos aproximadamente 3 minutos.

Coloque una tortilla o tostada para tacos entre dos servilletas de papel húmedas y repita con el resto de las tortillas.

Caliente los tacos cubiertos de papel en el microondas durante 30 segundos en HIGH (Alto).

Quíteles el papel y rellénelos con la lechuga y la mezcla de carne molida. Sírvalos.

HAMBURGUESAS RELLENAS DE VERDURAS

4 porciones

500 g	**(1 lb) molida de res**
1	**huevo**
¼ c/dita	**salsa inglesa**
	sal y pimienta
½ taza	**cebolla picada**
½ taza	**pimiento verde picado**
½ taza	**apio picado**

Primer método

Combine la carne molida, el huevo y la salsa inglesa en un tazón grande sazonando la mezcla con sal y pimienta. Revuélvala con las verduras picadas.

Cocine a fuego alto y disminúyalo a media cocción.

Segundo método

Combine la carne molida, el huevo y la salsa inglesa en un tazón, sazonando la mezcla con sal y pimienta. Forme hamburguesas delgadas.

Acomode las verduras picadas entre dos tortitas y presione las orillas para sellar.

Séllelas a fuego alto y disminúyalo a media cocción.

FRIJOLES CON CARNE A LA ANTIGUA

8 porciones

2	dientes de ajo finamente picados	1 c/dita	tomillo
1	cebolla mediana picada	½ c/dita	hojas de orégano seco
2 c/das	aceite vegetal	½ c/dita	hojas de albahaca seca
500 g	(1 lb) carne de res magra molida	½ c/dita	pimienta de Cayena
900 g	(2 lbs) tomates enlatados	1 c/dita	sal
2½ tazas	agua	500 g	(1 lb) frijoles rojos enlatados enjuagados
2	tomates pelados sin semillas y picados	½ taza	queso cheddar fuerte rallado
1	pimiento verde picado	½ taza	queso suizo rallado
2 c/das	chile en polvo		
1 c/da	paprika		

Saltee el ajo y la cebolla en el aceite hasta que estén blandos. Añada la carne molida y continúe cocinando hasta que esté bien cocida; escurra.

Incorpore los tomates enlatados, el agua, los tomates frescos, el pimiento verde, los condimentos y los frijoles rojos.

Hierva; reduzca el calor y cueza a fuego lento de 2½ a 3 horas.

En el momento de servir, reparta el guiso en tazones individuales y espolvoree con queso. Sirva con pan de ajo.

FILETES DE HÍGADO DE RES

4 porciones

500 g	(1 lb) hígado de res rebanado	½ c/dita	albahaca
½ taza	leche	1 c/dita	perejil
Harina sazonada		1 c/da	mantequilla
1 taza	harina	1 c/da	aceite
	sal y pimienta	1 taza	cebolla picada
½ c/dita	mejorana	¼ c/dita	salsa inglesa
½ c/dita	tomillo	1	pizca de sal de ajo

Remoje las rebanadas de hígado en la leche durante 15 minutos y después escúrralas.

Mezcle todos los ingredientes secos (excepto la saldeajo) con la harina y enharine el hígado.

Derrita la mantequilla en una sartén y fría las rebanadas de hígado hasta que estén ligeramente rosadas en el interior.

Mientras tanto, caliente el aceite en otra sartén y acitrone las cebollas; sazónelas con salsa inglesa y sal de ajo.

Acomode el hígado en un platón, cúbralo con la salsa y sirva.

COSTILLAS DE RES CON SALSA DE MIEL

4 porciones

3 c/das	aceite
1 kg	(2¼ lbs) corte transversal de costillas de res
2	cebollas finamente rebanadas
1 taza	agua
	sal y pimienta
Salsa de miel	
½ taza	miel
2 c/das	salsa de soya
¼ taza	salsa agridulce
½ taza	agua
½ taza	salsa de chile
2	dientes de ajo finamente picados

Caliente el aceite en la olla de presión y dore las costillas en varios tantos, durante unos minutos.

Saltee ligeramente las cebollas en una sartén y después agréguelas a las costillas sazonándolas con sal y pimienta.

Agregue el agua a la mezcla, cierre la olla de presión, coloque el regulador de presión y cueza durante 25 minutos.

Apague el fuego y deje que baje la presión de la olla.

Combine los ingredientes de la salsa de miel en un tazón, vierta sobre las costillas y hierva a fuego lento durante 10 minutos.

COSTILLAS A LA TEXANA

8 porciones

2 kg	(4½ lbs) costillas cortadas en pedazos de 7 cm (3 pulgadas)	½ c/dita	orégano
3 c/das	aceite	½ c/dita	tomillo
⅓ taza	harina	½ c/dita	paprika
1	cebolla picada	¼	taza agua hirviendo
2 c/ditas	sal	2 tazas	salsa de chile
½ c/dita	pimienta	⅓ taza	pepinos escabechados en cubitos

Quítele el exceso de grasa a las costillas. Caliente el aceite en una olla grande. Espolvoree las costillas con harina, luego dórelas en aceite.

Escurra el exceso de grasa, guardando una cucharada. Agregue la cebolla y fría hasta que esté dorada. Espolvoree con los condimentos. Agregue agua y reduzca el calor.

Tape y cueza a fuego lento durante 1½ hora.

Agregue la salsa de chile y los pepinos escabechados. Cueza a fuego lento durante 1 hora más o hasta que las costillas estén muy tiernas.

Sirva con su arroz preferido.

CHULETAS MARIPOSA

4 porciones

1 c/da	aceite vegetal
4	chuletas de cerdo abiertas
2 c/das	mantequilla
2	cebollas finamente rebanadas
1 c/da	pimienta de Jamaica picada
1 taza	salsa de ciruela
	sal y pimienta

Precaliente el horno a 70°C (150°F).

Unte aceite en una parrilla o sartén antiadherente.

Ponga en la estufa y, cuando esté caliente, ponga la mitad de la carne.

Dore 3 minutos a fuego medio.

Sazone bien y voltee el cerdo; dore otros 3 minutos a fuego medio.

Voltee la carne otra vez; dore a fuego lento por 2 ó 3 minutos o hasta que esté a su gusto. Consérvela caliente en el horno. Repita el procedimiento para el resto del cerdo y, si es necesario, ponga más aceite.

Caliente la mantequilla en una sartén; ponga las cebollas y fría de 7 a 9 minutos a fuego medio.

Revuelva ocasionalmente.

Agregue la pimienta picada y cocine 1 minuto.

Sazone bien e incorpore la salsa de ciruela; cocine 2 minutos más.

Sirva las cebollas con el cerdo y adorne con papas fritas.

CHULETAS DE CERDO CENICIENTA

4 porciones

2 c/das	aceite
8	chuletas de cerdo de 1,2 cm (½ pulgada) de grueso
¼ c/da	pimienta
1	paquete de sopa instantánea de cebolla
8	rebanadas de naranja sin cáscara
1 taza	jugo de naranja

Caliente el aceite en una sartén, fría las chuletas y sazone con pimienta.

Vacíe la sopa de cebolla sobre las chuletas, ponga una rodaja de naranja sobre cada una y agregue el jugo de naranja dejando que suelte el hervor.

Tape y cueza a fuego lento 30 minutos o hasta que la carne esté muy tierna.

CERDO FIESTA

4 porciones

2 c/das	**aceite vegetal**
750 g	**(1½ lb) de lomo de cerdo en tiras de 2,5 cm (1 pulgada) de largo y 0,6 cm (¼ pulgada) de grueso**
1	**diente de ajo machacado y picado**
1 c/da	**mantequilla**
250 g	**(½ lb) champiñones limpios y rebanados**
2 tazas	**salsa de tomate caliente**
½	**pimiento verde rebanado**
	sal y pimienta

Caliente el aceite en una sartén; ponga la carne a fuego medio y dórela 2 minutos.

Sazone bien y voltee las tiras de carne; fría otros 2 minutos.

Ponga el ajo en la sartén y sofría 1 minuto. Saque la carne y deje aparte.

Ponga la mantequilla en la sartén; cuando esté caliente, ponga los champiñones, sazone y sofría de 4 a 5 minutos.

Revuelva ocasionalmente.

Vierta la salsa de tomate y ponga el pimiento verde; cuando empiece a hervir, cueza 2 minutos.

Ponga la carne de nuevo en la sartén y deje hervir a fuego lento por varios minutos para recalentarla.

Si le agrada, sírvala sobre pasta.

EMPANADA DE JAMÓN

4 porciones

1¼ taza	**crema de champiñones**
½ taza	**leche**
1 c/da	**mantequilla**
1	**cebolla picada**
¼ taza	**pimiento verde en rajas**
3 tazas	**jamón molido**
	sal y pimienta
	pasta para tarta o pasta de hojaldre

Precaliente el horno a 205°C (400°F).

Disuelva la crema de champiñones en la leche en un tazón y deje aparte.

Derrita la mantequilla en una sartén y saltee las cebollas con los pimientos en rajas, agregue la crema de champiñones diluida y el jamón.

Revuelva, sazone con sal y pimienta y deje aparte.

Palotee la pasta y forme un óvalo de 20 x 32 cm (8 x 12 pulgadas).

Ponga la mezcla de jamón sobre la pasta con una cuchara, doble por la mitad, formando medio círculo. Presione los bordes para sellar y hornee de 35 a 40 minutos.

BROCHETA DE CERDO CON VERDURAS

4 porciones

750 g	(1½ lb) lomo de cerdo cortado en cubos de 2,5 cm (1 pulgada)
1½	pimiento verde en trozos grandes
2	cebollas pequeñas cortadas en pedazos
8	manzanas silvestres
12	champiñones sin tallo
3 c/das	mantequilla de ajo derretida
2 c/das	salsa de soya
	sal y pimienta

Ensarte el cerdo en 4 brochetas alternando con las verduras y las manzanas.

Revuelva la mantequilla de ajo con salsa de soya; unte las brochetas con la mezcla y sazone bien.

Ponga 10 minutos en el horno a 10 cm (4 pulgadas) de la fuente de calor. Humedézcalas ocasionalmente y voltéelas cada 3 minutos.

Sirva sobre arroz.

ALBÓNDIGAS DE JAMÓN Y CARNE DE CERDO

4 a 6 porciones

Albóndigas

350 g	(¾ lb) jamón molido
350 g	(¾ lb) carne molida de cerdo (semi magra)
1½ taza	pan molido
¾ taza	leche
2	huevos batidos
1	pizca de sal

Salsa

1½ taza	azúcar mascabado
¾ taza	agua
½ taza	vinagre
1 c/da	mostaza en polvo

Precaliente el horno a 160°C (325°F).

Mezcle todos los ingredientes en un tazón y forme las albóndigas.

Póngalas en un recipiente refractario hondo y deje aparte.

Mezcle todos los ingredientes de la salsa en un tazón, vierta sobre las albóndigas y hornee 40 minutos. Rocíe frecuentemente mientras se cuecen.

Si le agrada, adorne las albóndigas con aceitunas fijándolas con palillos.

TERNERA EN SALSA BLANCA

6 porciones

675 g	**(1½ lb) paletilla de ternera cortada en cubos**
4 tazas	**(1 L) caldo de pollo**
1 c/da	**sal**
¼ c/dita	**tomillo**
1	**hoja de laurel**
20	**cebollitas pequeñitas**
4	**zanahorias cortadas en tiritas**

2 c/das	**mantequilla**
2 c/das	**harina**
2 c/das	**jugo de limón**
2	**yemas de huevo**
1	**pizca pimienta de Cayena**
1 c/da	**perejil picado**

En una olla de hierro ponga la ternera, el caldo, la sal, el tomillo y la hoja de laurel.

Tape y cueza a fuego lento durante 1¼ hora.

Agregue las cebollitas y las zanahorias; cueza durante 15 minutos.

Saque 2 tazas de líquido.

Derrita la mantequilla en una cacerola pequeña, agregue la harina y cueza 3 minutos sin que se dore.

Lentamente agregue las 2 tazas de líquido, revolviendo hasta que espese.

Bata el jugo de limón con las yemas de huevo. Incorpore a la salsa. NO DEJE QUE HIERVA.

Agregue la salsa a la ternera. NO DEJE QUE HIERVA. Agregue la pimienta de Cayena. Vierta en un platón y adorne con el perejil.

Sirva con tallarines de huevo.

ALBÓNDIGAS DE TERNERA

4 porciones

2	tiras de tocino finamente picadas
1	cebolla finamente picada
500 g	(1 lb) carne de ternera molida
¼ c/dita	tomillo
¼ c/dita	hojas secas de orégano
¼ c/dita	hojas secas de albahaca
¼ c/dita	ajo en polvo
1 c/dita	sal

1	huevo
½ taza	pan molido fino
1 taza	queso parmesano rallado
2 c/das	aceite vegetal
½ taza	caldo de res
½ taza	vino blanco
2 c/das	perejil finamente picado
	tallarines o arroz cocido calientes

En una sartén grande, saltee el tocino hasta que esté cocido pero todavía blando; aparte.

Saltee la cebolla en la grasa del tocino hasta que esté blanda.

Combine el tocino, la cebolla, la ternera molida, los condimentos, el huevo, el pan molido y el queso; mezcle bien con los dedos.

Forme albóndigas de 2,5 cm (1 pulgada) de diámetro.

Dore las albóndigas en la grasa del tocino, agregando aceite vegetal si es necesario, hasta que la superficie de las albóndigas esté crujiente; escurra el exceso de grasa.

Agregue el caldo de res y el vino; cueza las albóndigas a fuego lento sin tapar, de 15 a 20 minutos hasta que estén completamente cocidas.

Acomode las albóndigas sobre arroz o tallarines calientes, rocíe con la mitad del caldo y espolvoree con el perejil.

ESCALOPAS DE TERNERA CON QUESO CHEDDAR

4 porciones

4	escalopas de ternera 170 g (6 onzas) c/u
	sal y pimienta
2 c/das	harina
1	huevo ligeramente batido
½ taza	pan molido
⅓ taza	queso cheddar suave rallado

1 c/da	mantequilla
1 c/da	aceite
2 tazas	champiñones
½ taza	caldo de res
1	rama de perejil picado

Precaliente el horno a 150°C (300°F).

Aplane las escalopas con un mazo para carne y sazónelas con sal y pimienta.

Ponga la harina en un tazón, el huevo batido en otro y el pan molido con el queso cheddar rallado en un tercero.

Meta las escalopas de una en una, en la harina, en el huevo batido y en la mezcla de pan molido con queso.

Derrita la mantequilla en una sartén grande, caliente el aceite y dore las escalopas de ternera.

Sáquelas y manténgalas calientes en un platón de servicio.

Saltee los champiñones en la misma sartén, quítelos del fuego y manténgalos calientes en el mismo platón de servicio que las escalopas.

Vierta el caldo de res en la sartén y deje que empiece a hervir. Deje de 2 a 3 minutos a fuego lento. Rectifique el sazón.

Saque la ternera del horno, cubra con los champiñones, la salsa y el perejil. Sirva.

CHULETAS DE TERNERA CON LICOR DE CAFÉ

4 porciones

½ taza	harina sazonada
4	chuletas de lomo de 1,2 cm (½ pulgada) de grueso
1 c/da	mantequilla
1 c/da	aceite vegetal
250 g	(½ lb) champiñones sin tallo limpios
½ taza	cebollitas miniatura cocidas
1 taza	papitas puestas unos minutos en agua hirviendo
3 c/das	licor de café
1¼ taza	salsa comercial ligera tipo gravy caliente sal y pimienta

Precaliente el horno a 70°C (150°F).

Enharine las chuletas y sacúdales el sobrante.

Caliente la mantequilla y el aceite en una sartén grande; ponga las chuletas y dórelas de 6 a 7 minutos a fuego medio.

Voltee la carne y sazónela bien; dórelas 6 ó 7 minutos.

Saque las chuletas y consérvelas calientes en el horno.

Ponga los champiñones, las cebollitas y las papas; revuelva y sofría de 3 a 4 minutos a fuego medio. Sazone bien.

Agregue el licor de café y hierva de 2 a 3 minutos a fuego alto.

Ponga la salsa tipo gravy y rectifique el sazón; cocine 2 minutos a fuego medio.

Vierta la salsa sobre la ternera y sirva.

TERNERA PICCATA

4 porciones

4	escalopas de 170 g (6 onzas) cada una
2 c/das	harina
¼ taza	mantequilla
1	diente de ajo finamente picado
¼ taza	jerez seco
1 c/da	jugo de limón
½	limón rebanado

Ponga la ternera entre dos hojas de papel parafinado. Aplane hasta que la ternera quede muy delgada.

Espolvoree la ternera con harina.

Derrita la mantequilla y saltee el ajo. Saque los pedacitos de ajo. Saltee la ternera 2½ minutos por cada lado.

Saque y mantenga caliente.

Vierta el jerez y el jugo de limón en la sartén; cueza a fuego lento durante 3 minutos.

Vierta la salsa sobre la ternera.

Adorne con las rebanadas de limón y sirva.

PIERNA DE CARNERO CON PEREJIL

6 a 8 porciones

2,5 a 3 kg	**(5 a 6 lbs) pierna de carnero preparada**
1	**diente de ajo en pedazos**
3 c/das	**mantequilla derretida**
125 g	**(¼ lb) mantequilla**
3	**chalotes finamente picados**
¼ taza	**pan molido**
2 c/das	**perejil fresco picado**
	sal y pimienta

Precaliente el horno a 220°C (425°F).

Tiempo de cocción de 15 a 18 minutos por cada 500 g (1 lb).

Ponga la pierna preparada en un molde para asar e inserte los pedazos de ajo en la carne. Sazone generosamente.

Rocíe con la mantequilla derretida y hornee 20 minutos.

Baje el calor a 190°C (375°F) y acabe de cocer el carnero. Rocíeo 2 ó 3 veces durante el proceso de cocción.

Derrita 125 g (¼ lb) de mantequilla en una sartén pequeña. Cuando esté caliente, ponga los chalotes y fríalos de 2 a 3 minutos a fuego lento. Agregue el pan molido y el perejil. Deje cocer 3 minutos mas.

Diez minutos antes de que la carne esté cocida, unte la mezcla de pan molido sobre el carnero.

Cuando esté cocido, sáquelo del horno y déjelo reposar unos minutos. Espolvoree perejil y sirva.

ROLLOS DE CARNERO CON AVELLANAS

4 porciones

4	**lomos de carnero deshuesados**		1	**diente de ajo finamente picado**
¼ taza	**mantequilla**			**sal y pimienta**
1	**cebolla picada**		1	**pizca de tomillo**
30	**avellanas picadas**			**salsa de pimienta verde**
1	**zanahoria cortada en juliana**		2 c/das	**perejil picado**

Precaliente el horno a 190°C (375°F).

Abra los lomos deshuesados.

Derrita la mantequilla en una sartén y fría la cebolla, las nueces, la zanahoria y el ajo; sazone con sal, pimienta y tomillo y cocine durante 3 minutos.

Extienda el relleno en la carne, enrolle y ate.

Derrita el resto de la mantequilla en la misma sartén y dore la carne.

Hornee 15 minutos aproximadamente y deje reposar 5 minutos antes de cortar la carne.

Acomode los lomos en un platón, rocíelos con la salsa de pimienta verde, espolvoree perejil y sirva.

ROLLOS ENCURTIDOS RELLENOS DE CARNERO

6 porciones

¾ kg	(1½ lb) molida de carnero		2	pepinillos encurtidos grandes
1 taza	pan fresco		1 c/da	aceite
1	huevo ligeramente batido		1 c/dita	mantequilla
1 taza	salsa de tomate o crema de tomate		1 taza	crema de apio enlatada
1 c/dita	mostaza en polvo		¼ taza	jugo de pepinillos encurtidos
	sal y pimienta		1 c/dita	perejil picado

Precaliente el horno a 175°C (350°F).

Mezcle en un tazón el carnero molido con el pan, el huevo, la salsa de tomate, la mostaza, la sal y la pimienta.

Corte los pepinillos a lo largo en tiras delgadas, envuelva el carnero molido con estas tiras y forme rollos.

Caliente el aceite, derrita la mantequilla en una sartén y fría los rollos. Después páselos a un recipiente refractario.

Mezcle la crema de apio en otro tazón con el jugo de los pepinillos y el perejil y vierta sobre los rollos; hornee 25 minutos aproximadamente.

CHULETAS DE CORDERO EN CREMA DE ALMENDRAS Y CHAMPIÑONES

4 porciones

8	chuletas de cordero de 85 g (3 onzas) cada una		1 taza	caldo de pollo
1	pizca sal y pimienta		1 taza	crema espesa
¼ taza	mantequilla		¼ taza	almendras peladas y molidas
125 g	(4 onzas) champiñones rebanados		½ c/dita	extracto de almendra
3 c/das	harina		½ taza	almendras cortadas a lo largo y tostadas

Ase las chuletas 3 minutos por cada lado. Condimente con sal y pimienta. Apártelas y manténgalas calientes.

Caliente la mantequilla en una cacerola.

Agregue los champiñones y saltee hasta que queden blandos. Espolvoréelos con harina.

Cueza 2 minutos.

Agregue el caldo de pollo y la crema.

Cueza a fuego lento durante 5 minutos.

Agregue las almendras molidas y el extracto de almendra. Cueza a fuego lento 10 minutos más.

Espolvoree las almendras tostadas.

Acomode las chuletas en un platón. Sirva con la salsa.

LOMO DE CARNERO AL CURRY

4 porciones

2 kg	(4 lbs) lomo de carnero preparado		2 tazas	caldo de pollo caliente
4 c/das	mantequilla derretida		1 c/da	fécula de maíz
2	cebollas grandes finamente picadas		2 c/das	agua fría
2 c/das	curry en polvo		1 c/da	catsup
1	diente de ajo machacado y picado			sal y pimienta
4	papas en cubitos			

Precaliente el horno a 220°C (425°F).

Tiempo de cocción: 15 minutos por cada 500 g (1 lb).

Ponga el carnero preparado en un molde para asar. Úntelo de mantequilla derretida y sazone bien. Hornee 20 minutos.

Disminuya el calor a 180°C (350°F) y acabe de cocinarlo.

Veinte minutos antes de que esté cocido, ponga las cebollas en el mismo molde; 5 minutos después, agregue el polvo de curry, el ajo y las papas. Revuelva bien.

Cuando el carnero esté cocido, sáquelo y deje aparte.

Ponga el molde en la estufa y viértale el caldo de pollo.

Revuelva bien.

Mezcle la fécula de maíz con agua e incorpore la mezcla a la salsa.

Cueza 5 minutos a fuego medio.

Agregue el catsup y sirva con el carnero.

FRICASÉ DE CARNERO

4 porciones

1 taza	crema de champiñones enlatada
½ taza	leche o crema ligera
1 taza	champiñones en trozos enlatados
1 taza	carnero en cubos cocido
2 c/das	perejil picado

Disuelva la crema de champiñones con la leche o la crema en una cacerola.

Agregue los trozos de champiñones y los cubos de carnero y caliente de 6 a 7 minutos sin que hierva.

Espolvoree perejil y sirva.

CONEJO A LA PROVENZAL

6 porciones

1	**conejo de 1,5 kg (3½ lbs)**
1½ c/da	**aceite**
1½ c/da	**mantequilla**
125 g	**(¼ lb) tocino finamente picado**
1	**diente de ajo finamente picado**
1	**cebolla grande en cubitos**
2	**pimientos verdes en cubitos**
125 g	**(¼ lb) champiñones**

500 g	**(1 lb) tomates pelados sin semillas y picados**
1 c/dita	**albahaca**
1 c/dita	**tomillo**
1 c/dita	**mejorana**
1 c/da	**perejil**
1 c/da	**mostaza Dijon**

Precaliente el horno a 160°C (325°F).

Corte el conejo en porciones individuales.

Caliente el aceite y la mantequilla en una sartén grande.

Agregue el tocino y dore.

Ponga el tocino en una cazuela.

Dore el conejo en la grasa del tocino.

Ponga el conejo en la cazuela. Saltee las verduras en la grasa. Escurra.

Ponga las verduras en la cazuela.

Vierta los tomates sobre el conejo. Espolvoree las hierbas y salpique con la mostaza.

Hornee de 1¼ a 1½ hora.

CONEJO EN BARBACOA

4 porciones

1,4 a 2 kg	**(3½ a 4 lbs) conejo limpio**
4 c/das	**mantequilla suave**
2 c/das	**mostaza de Dijon**
¼ taza	**vino blanco seco**
1	**pizca de paprika**
	sal y pimienta

Precaliente el horno a 190°C (375°F).

Tiempo de cocción: 20 minutos por cada 500 g (1 lb).

Ponga una hoja de papel de aluminio en el fondo de un molde para asar. Ponga el conejo en el papel de aluminio y sazónelo generosamente con sal y pimienta. Espolvoree paprika.

Revuelva la mantequilla con la mostaza y úntela sobre el conejo. Viértale el vino blanco. Cubra el molde con otra hoja de papel de aluminio; séllelo bien. Métalo al horno.

Acompañe con coles de Bruselas y papas al horno. Antes de servirlo, humedezca el conejo con el jugo de la cocción.

Verduras

SABROSA MEZCLA DE VERDURAS

4 porciones

3 tazas	agua fría
12	zanahorias miniatura peladas sin los extremos y cortadas por la mitad a lo largo
250 g	(8 onzas) ejotes amarillos sin las puntas
½	pimiento rojo cortado en tiras largas
1 c/da	mantequilla
1 c/dita	cebollinos o perejil picado sal y pimienta unas gotas de jugo de limón

Ponga el agua en una cacerola; agregue sal y jugo de limón. Deje que empiece a hervir.

Agregue las zanahorias, tape y cuézalas 6 minutos a fuego medio.

Ponga los ejotes y deje que se cuezan, tapados, 6 minutos más. Agregue el pimiento rojo; tape y deje que se cuezan 2 minutos.

Escurra las verduras y póngalas en agua fría. Escurra de nuevo y deje aparte.

Caliente la mantequilla en una sartén. Agregue las verduras y esparza encima los cebollinos; tápelas y cocine varios minutos a fuego medio.

Sazone y sirva.

GUACAMOLE

1¼ taza

1	aguacate hecho puré
¼ taza	mayonesa
1 c/da	jugo de limón
1 c/dita	cebolla finamente picada
½ c/dita	sal
¼ c/dita	ajo en polvo
¼ c/dita	chile en polvo
¼ c/dita	paprika

Mezcle el aguacate, la mayonesa, el jugo de limón y la cebolla.

Agregue los condimentos.

Sirva con papas fritas, nachos, enchiladas, tacos o tortillas.

AGUACATE A LA VINAGRETA

aproximadamente 1 taza

2	aguacates firmes
¼ taza	aceite de oliva
2 c/das	vinagre de vino
1 c/dita	azúcar
½	diente de ajo finamente picado
½ c/dita	chalote finamente rebanado
2 c/ditas	perejil picado
	jugo de 1 limón
2	endivias separadas en hojas

Pele y pique los aguacates, póngalos en un tazón.

Combine todos los ingredientes en otro tazón excepto las hojas de endivia.

Vierta la mezcla sobre las rebanadas de aguacate, refrigere 2 horas para marinar.

Sirva en un nido de hojas de endivias.

ESPÁRRAGOS CON MANTEQUILLA

4 porciones

1	**docena de espárragos pelados y lavados**
¼ taza	**mantequilla derretida clarificada**
2	**huevos cocidos picados**
	jugo de limón al gusto
	perejil fresco picado
	sal

Ponga los espárragos en una cacerola de agua hirviendo con sal. Agregue unas cuantas gotas de jugo de limón y cueza a fuego alto de 7 a 8 minutos.

Pique los espárragos con un cuchillo para ver si están cocidos. Los tallos deben quedar blandos. Escúrralos bien.

Acomode los espárragos en un platón de servicio y agrégueles la mantequilla derretida, rocíelos con jugo de limón y sazone con sal.

Ponga encima los huevos y el perejil picados. Sírvalos.

CAZUELA DE ESPÁRRAGOS

8 porciones

1 kg	**(2¼ lbs) espárragos frescos cortados en trozos de 2,5 cm (1 pulgada)**
1 lata	**(10 onzas) crema de champiñones**
2 tazas	**galletas saladas machacadas**
½ taza	**mantequilla derretida**
2 tazas	**queso cheddar añejo rallado**
1 taza	**nueces de caoba**

Precaliente el horno a 180°C (350°F).

Cueza los espárragos en agua hirviendo con sal, tapados, hasta que estén «al dente», aproximadamente de 3 a 5 minutos.

Escurra, apartando 1¼ taza del líquido.

Combine la crema de champiñones con el líquido apartado; mezcle hasta que quede suave.

Combine las galletas saladas, la mantequilla y el queso; mezcle bien.

Esparza la mitad de la mezcla de galletas en un molde refractario engrasado de 33 x 23 cm (13 x 9 pulgadas).

Cubra con la mitad de los espárragos, la mitad de las nueces y la mitad de la mezcla de sopa de champiñones.

Repita las capas.

Hornee de 30 a 40 minutos.

EJOTES VERDES CON HINOJO

aproximadamente 2 tazas

1½ taza	**ejotes verdes cortados a la mitad**
¼ taza	**hinojo en cubitos**
2 c/das	**hojas de hinojo**
	jugo de ½ limón
	sal y pimienta
	agua
	tiritas de cáscara de limón
	(opcional)

Combine todos los ingredientes en un tazón exceptuando la cáscara de limón y póngalos en una vaporera de margarita.

Cocine durante 6 minutos. Adorne con las tiritas de la cáscara de limón.

EJOTES VERDES AMANDINE

4 porciones

500 g	**(1 lb) ejotes verdes**
¼ taza	**mantequilla**
1½ taza	**almendras rebanadas**
2 c/das	**jugo de limón**

Quite las puntas a los ejotes. Cueza en agua hirviendo con sal de 8 a 10 minutos. Mantenga calientes.

En una sartén grande, caliente la mantequilla. Baje el fuego. Agregue las almendras y saltee hasta que se doren.

Agregue el jugo de limón y los ejotes. Saltee durante 3 minutos.

Sirva caliente.

EJOTES VERDES LYONNAISE

4 porciones

500 g	**(1 lb) ejotes verdes**
125 g	**(4 onzas) tocino picado**
2 c/das	**mantequilla**
1	**cebolla, en cubitos finos**
¼ taza	**pimiento morrón enlatado en cubitos finos**
1 c/dita	**sal**
¼ c/dita	**pimienta**

Quite las puntas a los ejotes. Cueza los ejotes durante 6 minutos en agua hirviendo.

Fría el tocino en una sartén. Escurra la grasa.

Agregue la mantequilla, la cebolla y el pimiento morrón. Saltee hasta que estén blandos.

Agregue los ejotes.

Fría rápidamente a fuego alto durante 3 minutos.

Condimente con la sal y la pimienta. Sirva.

BERENJENA SALTEADA CON CEBOLLAS

aproximadamente 2 tazas

2 c/das	aceite
1	berenjena mediana cortada en cubos y sin pelar
½ taza	cebolla blanca rebanada
½ taza	cebolla morada rebanada
¼ taza	cebollas miniatura en mitades
1	diente de ajo finamente picado sal y pimienta
2 c/ditas	perejil picado
½ c/dita	albahaca picada
½ taza	jugo de tomate

Caliente el aceite en una sartén y saltee la berenjena con las cebollas blanca y morada, aproximadamente 5 minutos. Revuelva sin cesar.

Agregue las cebollas miniatura y el ajo, sazone con sal y pimienta, espolvoree con albahaca y perejil mientras revuelve. Rocíe con el jugo de tomate y cocine 3 minutos a fuego lento.

BERENJENA Y CAMARONES GRATINADOS

4 porciones

1	berenjena grande pelada
¼ taza	mantequilla
2 tazas	camarones de pacotilla
2 tazas	salsa Mornay
⅓ taza	queso parmesano rallado
1 c/dita	sal
¼ c/dita	pimienta
⅓ taza	pan molido

Precaliente el horno a 180°C (350°F).

Corte la berenjena a lo largo.

Caliente la mantequilla en una sartén.

Saltee la berenjena en la mantequilla. Coloque en una cazuela.

Cubra con los camarones. Vierta la salsa.

Espolvoree con el queso, los condimentos y el pan molido. Añada la mantequilla derretida de la sartén.

Hornee durante 30 minutos.

BOTONES DE CHAMPIÑONES RELLENOS

4 porciones

24	**champiñones grandes**
3 c/das	**mantequilla**
3 c/das	**zanahoria en cubos**
3 c/das	**calabacita en cubos**
1 c/dita	**ajo finamente picado**
1 c/da	**perejil picado**
4 c/ditas	**pan molido**
	sal y pimienta
¾ taza	**crema de champiñones**
1 c/da	**paprika**

Caliente previamente el horno a 175°C (350°F).

Corte los tallos de los champiñones, píquelos y deje aparte.

Derrita la mantequilla en una sartén y saltee los tallos junto con las zanahorias y las calabacitas en cubos. Agregue ajo, perejil y pan molido, sazone con sal y pimienta.

Cocine 3 minutos, agregue la crema de champiñones y deje hervir algunos minutos a fuego medio.

Rellene los botones de champiñones con una cuchara y espolvoréeles la paprika. Ponga los champiñones rellenos en un molde refractario ligeramente engrasado y hornee 12 minutos.

DELICIOSA COLIFLOR CON SALSA DE TOMATE

4 porciones

½	**coliflor cocida**
2 tazas	**salsa picante**
½ taza	**queso cheddar rallado**
	sal y pimienta

Corte la coliflor en trozos de 2 cm (¾ pulgada).

Póngalos en un molde refractario untado de mantequilla y viértales la salsa de tomate.

Sazone y esparza el queso encima. Deje en el asador de 8 a 10 minutos.

Sirva caliente.

PANDEROS DE CALABACITA CON TOMATE

aproximadamente 6 piezas

2	**calabacitas**
2 c/das	**mantequilla**
1	**ajo finamente picado**
4 c/ditas	**chalotes finamente picados**
1	**tomate en cubos**
	sal y pimienta
2 c/das	**queso parmesano**

Caliente previamente el horno a 205°C (400°F).

Corte las calabacitas en trozos de 3,75 cm (1½ pulgada).

Cueza las calabacitas durante 5 minutos en una cacerola llena de agua hirviendo con sal. Enjuague con agua fría y escurra.

Quite la pulpa pero no ahueque muy profundamente.

Pique la pulpa y déjela aparte.

Derrita la mantequilla en una sartén y sofría la pulpa de las calabacitas con el ajo, los chalotes y el tomate en cubos hasta que el líquido se evapore por completo. Sazone con sal y pimienta y espolvoree el queso parmesano.

Adorne cada pandero de calabacitas con el relleno. Hornee 5 minutos y sirva.

RODAJAS DE CALABACITA

aproximadamente 1 taza

2	**calabacitas en rodajas muy delgadas**
2 c/das	**mantequilla**
	sal y pimienta
¼ c/dita	**semillas de hinojo**
½ c/dita	**perejil picado**

Blanquee las calabacitas 30 segundos en una cacerola llena de agua hirviendo con sal, escurra y deje aparte.

Derrita la mantequilla en una sartén y saltee las calabacitas rebanadas. Sazone con sal y pimienta. Agregue las semillas de hinojo, espárzales perejil y sirva.

CALABACITAS A LA PROVENZAL

6 porciones

3 c/das	mantequilla
3	calabacitas cortadas en tiras delgadas
2	dientes de ajo finamente picados
1	cebolla picada
3 tazas	tomates
1 c/dita	sal
¼ c/dita	pimienta
1 c/dita	perifollo
½ c/dita	albahaca
½ taza	vino blanco dulce

Caliente la mantequilla en una sartén grande.

Saltee las calabacitas, el ajo y la cebolla hasta que estén blandos.

Agregue los tomates, los condimentos y el vino. Baje el fuego.

Cueza a fuego lento hasta que el líquido se haya evaporado completamente.

Sirva como platillo acompañante o sobre arroz.

RATATOUILLE

8 porciones

¼ taza	aceite de oliva
2	cebollas en cubitos
2	dientes de ajo finamente picados
2	berenjenas medianas en cubitos
3	calabacitas en rodajas
2	pimientos verdes picados
3 tazas	tomates sin semillas y picados
1 c/dita	albahaca
1 c/dita	perifollo
1 c/dita	sal
2 c/ditas	perejil picado

Precaliente el horno a 180°C (350°F).

Caliente el aceite en una cacerola.

Agregue las verduras, los tomates y los condimentos. Mezcle bien.

Coloque en una cazuela.

Tape y hornee de 40 a 45 minutos.

Sirva caliente o frío.

BRÓCOLI CON AJO

4 porciones

3 tazas	**agua con sal**
900 g	**(2 lbs) floretes de coliflor lavados**
3 c/das	**mantequilla**
2	**dientes de ajo machacados y picados**
¼ taza	**almendras en tiritas doradas en mantequilla**
	jugo de 1 limón
	sal y pimienta

Ponga el agua en una cacerola y agregue la mitad del jugo de limón. Deje que empiece a hervir.

Agregue el brócoli y tape; cueza 8 minutos.

Enfríe en agua fría y escurra.

Caliente la mantequilla en una sartén.

Cuando esté caliente, agregue el brócoli y fríalo de 4 a 5 minutos a fuego medio.

Agregue el ajo y las almendras y rocíe el jugo de limón restante. Cocine 3 minutos a fuego medio.

Rectifique el sazón y sírvalo.

BRÓCOLI SORPRESA

6 porciones

2 tazas	**brócoli cocido**
1½ taza	**crema espesa**
1 taza	**queso havarti rallado**
4	**huevos batidos**

Precaliente el horno a 180°C (350°F).

Haga un puré de brócoli en el procesador de alimentos. Agregue la crema y el queso. Procese 30 segundos.

Agregue los huevos; procese 30 segundos más.

Engrase muy bien un molde de panquecitos. Vierta la mezcla en los moldecitos.

Cueza en el horno, al baño María, de 40 a 45 minutos.

Saque, desmolde y sirva.

TOMATES A LA PROVENZAL

4 porciones

4	tomates	¼ c/dita	sal
1 c/da	aceite de oliva	¼ c/dita	pimienta
2 c/das	mantequilla	½ c/dita	perifollo
1	diente de ajo finamente picado	1 c/da	perejil picado
2 c/das	cebolla finamente picada	⅓ taza	queso parmesano rallado

Corte los tomates por la mitad. Saque las semillas y la pulpa; aparte.

Caliente el aceite en una sartén. Coloque los tomates en el aceite, con la parte cortada hacia abajo.

Cueza hasta que los lados estén caramelizados.

Saque y coloque en molde refractario.

Ponga la mantequilla en la sartén.

Agregue el ajo y la cebolla. Saltee hasta que estén blandos.

Incorpore los condimentos y la pulpa de tomate.

Saltee durante 1 minuto. Rellene los tomates con la mezcla.

Espolvoree con el queso. Ase hasta que se doren, aproximadamente 2 minutos.

Sírvalos calientes o fríos.

AYOCOTES PICANTES

aproximadamente 2 tazas

1 c/da	mantequilla
1⅔ taza	frijoles ayocotes enlatados enjuagados y escurridos
¼ c/dita	pimiento machacado
1	pizca de chile en polvo
	sal
¼ taza	jugo de tomate
½ c/dita	salsa inglesa

Derrita la mantequilla en una sartén y saltee los frijoles. Agregue el pimiento, el chile en polvo y la sal; revuelva.

Agregue el jugo de tomate y la salsa inglesa. Revuelva y cueza la mezcla 3 minutos.

ELOTES MINIATURA CON VEGETALES MIXTOS

aproximadamente 2 tazas

1½ taza	elotes miniatura enteros
½ taza	chícharos
¼ taza	zanahoria en cubos
	sal y pimienta
3 c/das	mantequilla

Cueza las verduras 5 minutos en una vaporera de margarita; vacíelas a un platón de servicio y póngales trocitos de mantequilla.

GARBANZOS CON CREMA DE AJO

aproximadamente 2 tazas

1 c/da	mantequilla
2	dientes de ajo finamente picados
1⅔ taza	garbanzos enladados, escurridos y enjuagados
¼ taza	crema espesa
2 c/ditas	perejil
	sal y pimienta

Derrita la mantequilla en una sartén y saltee el ajo. Agregue los garbanzos y saltee 4 minutos más.

Agregue la crema y cuando empiece a hervir retire del fuego; agregue el perejil y sazone con sal y pimienta.

LENTEJAS CON ESPINACAS

aproximadamente 3 tazas

2 c/das	mantequilla
1	diente de ajo finamente picado
1	chalote (seco) picado
4 tazas	espinacas lavadas y escurridas
1⅔ taza	lentejas enlatadas, enjuagadas y escurridas
	sal y pimienta

Derrita la mantequilla en una sartén y acitrone el ajo con el chalote, agregue las espinacas y las lentejas.

Sazone con sal y pimienta; revuelva y cocine hasta que la espinaca se ablande.

Huevos

NIDOS DE HUEVOS PARA EL DESAYUNO

8 porciones

8	**volovanes**
8	**huevos**
¼ taza	**crema espesa**
8	**tiras de tocino picadas**
1	**pimiento verde finamente picado**
2	**cebollitas de Cambray finamente picadas**
1 taza	**queso havarti rallado**

Precaliente el horno a 200°C (400°F).

Hornee los volovanes durante 15 minutos. Mezcle los huevos con la crema.

Fría el tocino, agregue el pimiento verde y saltee hasta que quede blando.

Saque la mitad de la grasa.

Agregue los huevos y las cebollitas; revuelva hasta que estén cocidos.

Retire del fuego.

Incorpore el queso. Llene cada volován con el relleno de huevo.

Sirva inmediatamente.

HUEVOS A LA FLORENTINA

4 porciones

284 g	**(10 onzas) espinacas**
2 tazas	**salsa Mornay**
8	**huevos**
1½ taza	**queso havarti rallado**

Precaliente el horno a 180°C (350°F).

Limpie y quite los tallos a las espinacas. Cueza durante 3 minutos.

Enmantequille ligeramente un pequeño molde refractario; fórrelo con las espinacas.

Cubra las espinacas con la salsa Mornay.

Quiebre los huevos en un tazón pequeño sin romperles las yemas.

Deslice los huevos sobre la salsa. Espolvoree con queso.

Hornee durante 12 ó 15 minutos.

Sirva inmediatamente.

HUEVOS A LA REINA

4 porciones

2 tazas	**pollo cocido y en cubitos finos**
8	**huevos**
2 tazas	**salsa Mornay**
1 taza	**queso suizo rallado**

Precaliente el horno a 180°C (350°F).

Enmantequille ligeramente un pequeño molde refractario. Coloque el pollo en el fondo.

Quiebre los huevos en un tazón pequeño sin romperles las yemas. Deslice los huevos sobre el pollo.

Vierta la salsa Mornay alrededor de los huevos. Espolvoree con queso.

Hornee durante 15 minutos.

Sirva calientes.

HUEVOS REVUELTOS CON SALCHICHA

4 porciones

2 c/ditas	aceite
1 c/dita	mantequilla
6	salchichas cortadas en bocados
1	chalote seco picado
1	diente de ajo grande finamente rebanado
6	huevos
	sal y pimienta
½ c/dita	perifollo

Caliente el aceite en una sartén y agréguele la mantequilla. Saltee las salchichas hasta que doren ligeremente. Agregue el chalote y el ajo y cocine 30 segundos.

Bata ligeramente los huevos en un tazón. Viértalos sobre la mezcla con salchichas. Sazone con sal y pimienta. Cocine a fuego medio revolviendo de tiempo en tiempo. Espárzale perifollo y sirva.

HUEVOS REVUELTOS CON TOMATES

4 porciones

6	huevos
2 c/ditas	salsa de chile
1 c/dita	puré de tomate
1 c/da	mantequilla
¼ taza	tomate rojo en cubitos
¼ taza	tomate verde en cubitos
	sal y pimienta
¼ c/dita	albahaca picada

Bata los huevos en un tazón con la salsa de chile y la puré de tomate.

Derrita la mantequilla en una sartén y cocine los huevos a fuego medio.

Revuelva de tiempo en tiempo.

A la mitad del proceso de cocción, agregue los tomates; sazone con sal, pimienta y albahaca.

HUEVOS PORTORRIQUEÑOS

4 porciones

1½ taza	salsa de tomate
2 tazas	jamón en cubitos finos
2 tazas	puntas de espárragos
8	huevos
1½ taza	salsa Mornay

Precaliente el horno a 180°C (350°F).

Vacíe la salsa de tomate en un molde refractario pequeño engrasado. Añada el jamón y los espárragos.

Quiebre los huevos en un tazón pequeño sin romper las yemas.

Deslice los huevos sobre los espárragos.

Vacíe la salsa Mornay alrededor de los huevos.

Hornee durante 20 minutos.

Sirva inmediatamente.

HUEVOS ESCALFADOS ORLY

4 porciones

4 tazas	agua
1 c/da	vinagre blanco
1 taza	jugo de tomate
4	huevos
¼ taza	zanahorias en juliana blanqueadas
¼ taza	parte blanca del puerro en juliana blanqueada
¼ taza	tomate en juliana blanqueado
¼ taza	nabo en juliana blanqueado
	sal y pimienta
¼ taza	crema de tomate

Caliente el agua en una cacerola junto con el vinagre y el jugo de tomate casi hasta que hiervan.

Escalfe los huevos 1 minuto.

Saque los huevos con cuidado y póngalos sobre un nido de verduras blanqueadas. Sazone con sal y pimienta y cubra con la crema de tomate.

HUEVOS NANTÚA

4 porciones

4	**tomates**
8	**huevos**
1 taza	**camarones o cangrejos de río cocidos picados**
1 taza	**salsa Mornay**
1 taza	**queso cheddar mediano rallado**
8	**rebanadas de pan tostado**

Precaliente el horno a 180°C (350°F).

Corte los tomates por la mitad; saque las semillas y la pulpa.

Caliente en el horno por 10 minutos. Mientras los tomates están calentándose, escalfe los huevos.

Saque los tomates del horno. Coloque 1 huevo en la cavidad de cada mitad de tomate.

Cubra con un poquito de cangrejo, 1 cucharada de salsa Mornay y espolvoree todo con queso.

Coloque en el horno durante 2 minutos o hasta que el queso se derrita.

Sirva con el pan tostado.

HUEVOS SORPRESA

4 porciones

4	**rebanadas de pan**	4	**hojas de lechuga**
2 c/das	**mantequilla**	8	**tomates miniatura cortados en 6 c/u**
4	**huevos**	12	**tallos de cebollino**
	sal y pimienta		**ramita de perejil**

Cubra ambos lados de las rebanadas de pan con 2 cucharaditas de mantequilla. Haga un círculo de 5 cm (2 pulgadas) en el centro de cada rebanada con un cortador de galletas. Guarde las dos partes.

Derrita el resto de la mantequilla en una sartén y dore las rebanadas y los círculos de pan a fuego lento. Saque los círculos y deje aparte. Rompa un huevo en el centro de cada rebanada. Sazone con sal y pimienta. Voltee con suavidad las rebanadas y cocine por el otro lado.

Adorne las porciones individuales con hojas de lechuga. Acomode las rebanadas de pan con huevo sobre las hojas de lechuga y cubra con los círculos de pan dorados. Adorne con los tomates miniatura.

Decore con cebollinos y perejil.

HUEVOS BENEDICTINOS

4 porciones

2	**panecillos cortados por la mitad**
4	**rebanadas jamón cocido caliente**
4	**huevos escalfados**
¼ **taza**	**salsa holandesa**

Tueste las mitades de los panecillos y póngalas en un plato refractario.

Acomode las rebanadas de jamón sobre los panecillos y cúbralos con los huevos escalfados.

Cubra con la salsa holandesa. Deje 2 minutos en el horno.

Puede servirlos para el almuerzo.

SALSA HOLANDESA

375 g	**(¾ lb) mantequilla sin sal**
2	**yemas de huevo**
1 c/da	**agua**
1 c/dita	**jugo de limón**
	sal y pimienta

Ponga la mantequilla en un tazón acomodado en una cacerola con agua caliente. Derrítala a fuego lento. Quite la espuma y descarte el sedimento. Conserve caliente la mantequilla clarificada hasta que la use.

Ponga las yemas y el agua en un tazón, también acomodado en una cacerola con agua caliente. Revuelva 10 segundos a fuego lento.

Siga cocinando 30 segundos a fuego lento para espesar las yemas.

Agregue muy lentamente la mantequilla clarificada, mientras revuelve constantemente.

Cuando la salsa espese, agregue jugo de limón y sazone al gusto.

HUEVOS A LA HUSAR

4 porciones

8	**rebanadas de jamón de 60 g (2 onzas) cada una**
8	**rebanadas de pan tostado**
1 taza	**salsa Marchand de Vin**
8	**rebanadas de tomate, asadas**
8	**huevos escalfados (pochés), blandos**
1 taza	**salsa holandesa**

Ase el jamón en el horno durante 2 minutos. Coloque una rebanada de jamón sobre cada rebanada de pan tostado. Cubra el jamón con salsa Marchand de Vin. Coloque una rebanada de tomate sobre la salsa.

Encima de todo, coloque un huevo poché y cubra con salsa holandesa.

SALSA MARCHAND DE VIN

¼ taza	**mantequilla**	2 c/das	**harina**
½ taza	**champiñones rebanados**	¾ taza	**caldo de res**
¼ taza	**cebollitas de Cambray picadas**	1 taza	**jerez**
½ taza	**cebollas finamente picadas**	½ c/dita	**sal**
3	**dientes de ajo finamente picados**	½ c/dita	**pimienta**
125 g	**(4 onzas) jamón finamente picado**	¼ c/dita	**pimienta de Cayena**

Derrita la mantequilla; saltee los champiñones, ambas cebollas, el ajo y el jamón.

Agregue la harina y revuelva.

Agregue el caldo de res, el jerez y los condimentos.

Cueza a fuego lento durante 40 minutos.

HUEVOS AL HORNO

2 porciones

2 c/das	mantequilla
4	huevos
½ taza	crema espesa
1 c/da	perejil fresco picado
	sal y pimienta

Precaliente el horno a 190°C (375°F).

Reparta la mantequilla en dos platos refractarios individuales o dos platos para gratinar. Póngalos en el horno durante 3 minutos.

Mientras tanto, rompa 2 huevos en un tazón pequeño, y los restantes, en otro tazón.

Saque los platos del horno y vacíe con cuidado 2 huevos en cada uno.

Vierta la crema y sazone generosamente con sal y pimienta. Cocine de 8 a 10 minutos en el horno.

Espolvoree con perejil picado y sirva.

HUEVOS A LA SUIZA

3 porciones

1 taza	queso havarti rallado
6	huevos
½ taza	crema ligera
¼ c/dita	sal
¼ c/dita	pimienta

Precaliente el horno a 180°C (350°F).

Enmantequille un molde refractario de barro.

Espolvoree la mitad del queso en el molde. Quiebre los huevos en un pequeño tazón y deslícelos sobre el queso (sin romper las yemas).

Vacíe la crema. Espolvoree con sal, pimienta y el resto del queso.

Hornee durante 15 minutos.

Sirva inmediatamente.

TORTILLA ESPAÑOLA

1 porción

1 c/da	mantequilla
1 c/da	cebollitas de Cambray finamente picadas
1 c/da	pimiento verde finamente picado
2 c/das	champiñones rebanados
2 c/das	crema espesa
3	huevos
¼ taza	salsa criolla
¼ taza	queso cheddar mediano rallado

Precaliente el horno a 230°C (450°F). En una sartén para omelette, caliente la mantequilla.

Agregue las cebollitas, el pimiento verde y los champiñones. Saltee hasta que queden blandos.

Cuidadosamente mezcle la crema con los huevos.

Cueza los huevos hasta que estén blandos. Cuidadosamente dé vuelta a los huevos.

Vierta la salsa criolla sobre ellos y espolvoree con queso.

Coloque en el horno durante 2 ó 3 minutos. Retire cuidadosamente. Doble por la mitad. Deslice en un plato y sirva.

SOUFFLÉ DE HUEVOS CON MERMELADA

2 porciones

4	yemas de huevo
2 c/das	crema extra ligera
4	claras de huevo batidas a punto de nieve
1 c/da	mantequilla
2 c/das	mermelada preparada
1 c/da	azúcar glass

Ponga los huevos en un tazón y agregue la crema; revuelva bien.

Agregue las claras batidas, incorporándolas bien.

Caliente la mantequilla en una sartén antiadherente. Cuando esté caliente, vacíe los huevos y cocine de 2 a 3 minutos. Revuelva dos veces mientras se cuece.

Cuando la parte superior de la tortilla esté casi cocida, dele la vuelta. Extienda la mermelada sobre los huevos y doble la tortilla a la mitad. Siga cociendo 10 segundos más.

Pase la tortilla a un platón refractario y espolvoree con azúcar glass. Ponga 1 minuto en el asador o hasta que dore ligeramente.

QUICHE LORRAINE

6-8 porciones

Pasta para quiche

1 taza	**harina**
½ c/dita	**sal**
¼ taza	**mantequilla**
1	**huevo**
3 c/das	**agua fría**
Relleno	
8	**tiras de tocino cortadas en pedazos de 1 cm (½ pulgada)**
1	**cebolla finamente picada**
1 taza	**queso suizo rallado**
6	**huevos**
1½ taza	**crema espesa**

Precaliente el horno a 200°C (400°F).

Pasta para quiche:

Combine la harina y la sal. Incorpore la mantequilla, en troncos cortándola, hasta que la mezcla quede granulosa.

En una taza de medir, bata el huevo y el agua con un tenedor hasta que estén bien mezclados.

Gradualmente agregue justo lo suficiente de líquido a la harina para que la masa tenga consistencia. Forme una bola.

Extienda la masa con el rodillo hasta que quede de 0,5 cm (½ pulgada) de espesor y colóquela en un molde refractario redondo de 23 cm (9 pulgadas). Forre con papel de aluminio, llene con frijoles secos o arroz y hornee durante 10 minutos.

Quite el papel de aluminio y los frijoles y vuelva a hornear durante más o menos 10 minutos o hasta que apenas se dore.

Relleno:

Fría el tocino hasta que esté cocido pero todavía blando. Escurra la mayor parte de la grasa, reservando justo lo suficiente para saltear la cebolla hasta que quede blanda.

Seque el tocino y la cebolla con papel absorbente para quitarles el exceso de grasa.

Espolvoree el tocino, las cebollas y el queso sobre la pasta que sacó del horno. Bata los huevos con la crema y vacíelos sobre el relleno.

Hornee a 190°C (350°F) durante 30-40 minutos o hasta que un cuchillo que se inserte en el centro salga limpio.

Dejar reposar durante 5 minutos antes de servir.

QUICHE DE ESPINACAS

4 porciones

1	**receta de pasta para quiche horneada**
2 tazas	**espinacas cocidas picadas salteadas en mantequilla**
¼ taza	**queso gruyère rallado**
3	**huevos batidos**
1 taza	**crema espesa**
	un poco de nuez moscada
	sal y pimienta

Precaliente el horno a 190°C (375°F).

Forre un molde redondo de 23 x 4 cm (9 x 1½ pulgadas) con la pasta y deje aparte de 20 a 30 minutos.

Ponga las espinacas en la pasta; espolvoree con queso.

Revuelva los huevos con la crema; agregue la nuez moscada y sazone bien. Viértalos en la pasta.

Hornee 45 minutos.

QUICHE DE TOMATES

4 porciones

1	**receta de pasta para quiche horneada**
2 c/das	**aceite vegetal**
1	**diente de ajo pelado y cortado en dos**
2	**tomates grandes pelados y cortados en rebanadas de 0,65 cm (¼ pulgada)**
½ taza	**queso gruyère rallado**
3	**huevos batidos**
1 taza	**crema espesa**
1	**pizca de pimienta de Cayena**
	perejil picado al gusto
	sal

Precaliente el horno a 190°C (375°F).

Forre un molde redondo de 23 x 4 cm (9 x 1½ pulgadas) con la pasta y deje reposar de 20 a 30 minutos.

Caliente el aceite en una sartén. Cuando esté caliente, agregue el ajo y cocine 2 minutos.

Saque el ajo y bótelo. Agregue las rebanadas de tomate y sazone bien. Cocine 3 minutos por cada lado a fuego medio.

Ponga las rebanadas de tomate en la pasta. Espolvoree con queso.

Revuelva los huevos con la crema; agregue la pimienta de Cayena, el perejil y la sal. Viértalos en la pasta.

Hornee 45 minutos. Tome nota de que esta quiche queda bastante húmeda una vez horneada.

Arroz y pastas

ARROZ A LA ESPAÑOLA

4 porciones

1¼ taza	arroz crudo
1½ taza	caldo de pollo
1½ taza	tomates enlatadas con especias
1 c/da	mantequilla
2 c/ditas	chile en polvo
¾ c/dita	orégano
½ c/dita	sal de ajo
1 c/da	cebollita de Cambray picada

Combine todos los ingredientes excepto la cebollita de Cambray en una cacerola y deje que empiece a hervir. Hierva a fuego lento durante 25 minutos.

Pase la mezcla a un platón de servicio, adorne con la cebollita de Cambray picada y sirva.

CODITOS CON SALCHICHAS

6 porciones

3 c/das	mantequilla
12	salchichas ahumadas cortadas en trozos chicos
¼ taza	pimientos verdes en cubitos
2	tallos de apio en cubitos
1 taza	champiñones enlatados escurridos sal y pimienta
4 tazas	coditos cocidos
1 c/da	salsa de soya
½ taza	crema ligera
3 c/das	cebollitas de Cambray finamente picadas

Derrita la mantequilla en una sartén y saltee las salchichas, los pimientos, el apio y los champiñones. Sazone con sal y pimienta.

Agregue los coditos cocidos, la salsa de soya y la crema y revuelva. Vierta la mezcla en platos calientes y adorne con las cebollitas de Cambray.

CODITOS CON TOMATE Y QUESO

6 porciones

4 tazas	coditos cocidos
1½ taza	tomates enlatados
½ taza	queso rallado
3 c/das	pan molido
¼ taza	mantequilla sal y pimienta

Precaliente el horno a 175°C (350°F).

Extienda los coditos cocidos en un molde refractario.

Viértales encima los tomates y el queso rallado; espolvoree pan molido y puntee con mantequilla. Hornee de 30 a 35 minutos.

LASAÑA DE VERDURAS

6 a 8 porciones

½ taza	zanahorias en cubitos
½ taza	apio cortado en diagonal
½ taza	floretes de brócoli
½ taza	floretes de coliflor
15	tiras de lasaña cocidas y escurridas
3¼ tazas	salsa de tomate
2½ tazas	crema de champiñones enlatada sin diluir
	sal y pimienta
2 tazas	queso blanco rallado
½ taza	queso parmesano rallado
2 c/das	mantequilla
3 c/das	perejil picado

Precaliente el horno a 175°C (350°F).

Blanquee las verduras en agua ligeramente salada durante 4 minutos. Escurra y deje aparte.

Cueza la lasaña siguiendo las instrucciones del paquete. Escurra y deje aparte.

Unte ligeramente de mantequilla un molde refractario y extienda una capa delgada de salsa de tomate y una capa de lasaña en el fondo del molde.

Continúe con una capa de crema de champiñones y las verduras blanqueadas y sazone con sal y pimienta. Agregue una capa de salsa de tomate y espolvoree queso blanco rallado.

Repita la operación dos veces más. Espolvoree la capa final con queso parmesano y póngale trocitos de mantequilla.

Hornee durante 25 minutos.

Adorne con perejil y sirva.

LINGUINI CON CHAMPIÑONES

6 a 8 porciones

500 g	(1 lb) linguini
3 c/das	mantequilla
1	diente de ajo finamente picado
1 taza	champiñones cortados en cuatro
½ taza	ruedas de espárragos
½ taza	fondos de alcachofa cortados en cuatro
1¼ taza	crema de champiñones enlatada sin diluir

Cueza los linguini en agua hirviendo salada, siguiendo las instrucciones del paquete. Enjuague bajo agua corriente fría. Escurra y deje aparte.

Derrita la mantequilla en una sartén y saltee el ajo, los champiñones, los espárragos y los fondos de alcachofa durante 3 minutos.

Agregue la crema de champiñones y caliente a fuego moderado durante 10 minutos, revolviendo sin cesar.

Incorpore los linguini cocidos y revuelva.

LINGUINI CON VERDURAS MIXTAS

6 a 8 porciones

½ taza	zanahorias en juliana		¾ c/dita	albahaca picada
½ taza	calabacitas en juliana		2 c/ditas	perejil picado
500 g	(1 lb) linguini		1 taza	espinacas
3 c/das	mantequilla			sal y pimienta
1	diente de ajo finamente picado		2 tazas	jugo de verduras
1	cebollita de Cambray picada		¼ taza	tomates enlatados molidos

Blanquee las zanahorias durante 3 minutos en agua hirviendo con sal. Blanquee las calabacitas durante 1 minuto. Escurra y deje aparte.

Cueza los linguini en otra cacerola siguiendo las instrucciones del paquete.

Enjuague en agua corriente, escurra y deje aparte.

Derrita la mantequilla en una sartén y cocine el ajo y la cebollita de Cambray hasta que estén blandos. Agregue las zanahorias y las calabacitas blanqueadas y saltéelas 3 minutos. Agregue la albahaca, el perejil y las espinacas. Sazone con sal y pimienta. Vierta el jugo de verduras y los tomates molidos en la mezcla y caliente. Incorpore los linguini. Revuelva y sirva.

FETTUCCINE PRIMAVERA

8 porciones

125 g	**(¼ lb) floretes de brócoli**	**3 tazas**	**crema ligera**
125 g	**(¼ lb) floretes de coliflor**	**2 c/das**	**pimiento morrón enlatado en cubitos finos**
¼ taza	**mantequilla**		
1	**cebolla chica en cubitos finos**	**½ taza**	**queso parmesano rallado**
1	**zanahoria chica en cubitos finos**	**1 c/dita**	**pimienta negra triturada**
90 g	**(3 onzas) champiñones rebanados**	**500 g**	**(1 lb) fettuccine**
¼ taza	**harina**		

Cueza el brócoli y la coliflor en agua hirviendo. Escurra y aparte.

Caliente la mantequilla en una cacerola; saltee la cebolla, la zanahoria y los champiñones hasta que estén blandos.

Agregue la harina y revuelva. Cueza por 2 minutos. Añada la crema, el brócoli y la coliflor.

Baje el fuego. Cueza a fuego lento durante 15 minutos.

Agregue el pimiento morrón, el queso parmesano y la pimienta.

Cueza el fettuccine «al dente» en una olla de agua hirviendo, con sal. Escurra.

Coloque el fettuccine en un platón grande.

Viértale la salsa y sirva.

CANUTILLOS CON TERNERA Y SALSA DE TOMATE

8 porciones

¼ taza	aceite
675 g	(1½ lb) carne de ternera en rebanadas delgadas
2	dientes de ajo finamente picados
1	cebolla chica finamente picada
1	pimiento verde en cubitos finos
2	tallos de apio finamente picados
125 g	(4 onzas) champiñones rebanados
1 c/dita	sal
½ c/dita	pimienta
¼ c/dita	orégano
¼ c/dita	albahaca
¼ c/dita	tomillo
2 tazas	tomates, machacados
250 g	(½ lb) canutillos
½ taza	queso feta desmoronado

Caliente el aceite en una sartén grande. Dore la carne en el aceite. Saque la carne y aparte.

Agregue el ajo, la cebolla, el pimiento verde, el apio y los champiñones; saltee hasta que estén blandos.

Añada los condimentos y los tomates; reduzca el fuego y cueza a fuego lento durante 15 minutos.

Agregue la ternera y cueza a fuego lento otros 10 minutos.

Mientras la salsa se está cociendo a fuego lento, hierva 8 tazas (2 L) de agua con sal en una olla.

Agregue los canutillos y cueza «al dente». Escurra.

Coloque los canutillos en un platón.

Cubra con la salsa de la ternera.

Espolvoree el queso feta desmoronado.

CANUTILLOS CON CUATRO QUESOS

8 porciones

½ taza	queso ricotta desmoronado
½ taza	queso gruyère rallado
½ taza	queso gouda rallado
½ taza	queso romano rallado
¼ taza	crema espesa
1 c/dita	sal
½ c/dita	pimienta, recién machacada
2 c/ditas	perejil seco
500 g	(1 lb) canutillos
3 c/das	mantequilla

Mezcle todos los quesos. Agregue la crema, la sal y la pimienta.

Espolvoree el perejil y mezcle.

Cueza los canutillos «al dente» en agua hirviendo, con sal.

Escurra bien.

Incorpore la mantequilla y añada la mezcla de los quesos. Revuelva.

Sirva inmediatamente.

SPAGHETTI CARBONARA

8 porciones

1 c/da	sal
500 g	(1 lb) spaghetti
340 g	(¾ lb) tocino picado
340 g	(¾ lb) champiñones frescos
6	dientes de ajo finamente picados
2	cebollas en cubitos finos
¼ taza	aceite de oliva
3	huevos
¼ taza	crema espesa
1 c/da	pimienta negra triturada
250 g	(½ lb) queso parmesano rallado

Hierva agua en una olla grande; agregue sal y cueza el spaghetti.

Saltee el tocino, los champiñones, el ajo y las cebollas en el aceite hasta que estén blandos. Escurra el aceite.

Mezcle los huevos, la crema, la pimienta negra y el queso parmesano en un tazón. Incorpore la mezcla de tocino y champiñones.

Escurra el spaghetti y mezcle bien con la salsa. Sirva.

SPAGHETTI MARSALA

4 porciones

3 c/das	mantequilla
3 c/das	harina
1 taza	crema espesa
½ taza	vino Marsala
½ taza	queso parmesano rallado
4	porciones de spaghetti cocidos calientes

Caliente la mantequilla en una cacerola.

Agregue la harina y revuelva hasta formar una pasta (roux). Cueza 2 minutos.

Añada la crema y el vino. Cueza a fuego lento hasta que espese ligeramente.

Agregue el queso y cueza a fuego lento hasta que espese.

Vierta la salsa sobre el spaghetti y sirva.

FUSILLI CON QUESO Y TOMATES

8 porciones

¼ taza	aceite de oliva
340 g	(¾ lb) tomates sin semillas y picados
2 c/ditas	orégano
1 c/dita	perifollo
1 c/dita	tomillo
1 c/dita	sal
¼ c/dita	pimienta
500 g	(1 lb) pasta de espirales
¼ taza	queso romano rallado
250 g	(½ lb) queso mozzarella rallado

Caliente el aceite, añada los tomates y cueza machacando hasta hacer un puré con los condimentos.

Cueza las pastas «al dente» en una olla de agua hirviendo, con sal. Escurra.

Mezcle las pastas calientes con la salsa caliente.

Incorpore los quesos y sirva.

TAGLIATELLI A LA RUSA

6 a 8 porciones

500 g	(1 lb) tagliatelli
1 c/da	aceite de cacahuate
2 c/ditas	mantequilla
½ c/dita	pimienta recién molida
½ c/dita	albahaca molida
¼ taza	vodka
1 taza	jugo de tomate
	sal

Cueza los tallarines en agua hirviendo con sal, siguiendo las instrucciones del paquete. Enjuague con agua corriente y escurra.

Caliente el aceite en una sartén, derrita la mantequilla y saltee los tallarines cocidos.

Agregue la pimienta molida y la albahaca. Desglase la sartén con la vodka. Vacíe el jugo de tomate sobre la mezcla y sazone con sal.

Caliente por unos minutos. Revuelva y sirva.

ÑOQUIS

6 porciones

3	**papas medianas hechas puré y calientes**
1 taza	**harina**
1	**huevo**
1 c/dita	**sal**
¼ c/dita	**pimienta**

Coloque el puré de papas en un tazón. Incorpore la harina poco a poco.

Agregue el huevo, la sal y la pimienta. Bata hasta obtener une consistencia lisa.

Amase en una bola blanda y suave.

Si la masa está pegajosa, agregue un poco más de harina. Extienda la masa con el rodillo y forme un rectángulo. Corte en cuadros de 2 cm (¾ pulgada).

Con un tenedor espolvoreado con harina, presione cada pieza firmemente.

Cueza inmediatamente o congele, si lo desea.

Para cocer, hierva agua con un poco de sal. Deje caer los ñoquis unos cuantos a la vez.

Cueza durante 5 minutos, saque y sirva con la salsa de su gusto.

CANELONES CREMOSOS ROSADOS

6 a 8 porciones

12	**canelones rellenos de requesón**
2 c/das	**agua**
2 c/ditas	**mantequilla**
½	**diente de ajo finamente picado**
1	**chalote seco picado**
¼ taza	**tomates en cubitos**
1 c/da	**pasta de tomate**
1½ taza	**crema espesa**
	sal y pimienta
¼ c/dita	**romero**

Precaliente el horno a 175°C (350°F).

Extienda los canelones en un molde refractario. Mójelos ligeramente con agua.

Unte de mantequilla un lado de una hoja de papel de aluminio; ponga el lado untado sobre los canelones y hornéelos durante 10 minutos.

Derrita la mantequilla en una sartén y cocine el ajo, el chalote y los tomates hasta que estén blandos pero no dorados. Agregue la pasta de tomate y la crema a la mezcla y revuelva. Sazone con sal, pimienta y romero. Deje hervir a fuego lento durante 5 minutos.

Ponga los canelones en la salsa y voltéelos una vez.

RAVIOLES EMPANIZADOS

8 porciones

3 tazas	aceite
4 tazas	pan molido
2 c/ditas	sal
½ c/dita	pimienta
1 c/dita	tomillo
¼ c/dita	orégano
8	porciones de ravioles de pollo cocidos calientes

Caliente el aceite a 180°C (350°F).

Mezcle el pan molido con los condimentos.

Pase cada raviole por el pan molido condimentado.

Fría unos cuantos ravioles a la vez. Cueza aproximadamente 2½ minutos.

Sirva con salsa de tomate.

RAVIOLES AL PESTO

6 a 8 porciones

500 g	(1 lb) ravioles de carne y queso
2 c/das	mantequilla
2	dientes de ajo finamente picados
2 c/ditas	albahaca picada
1 c/da	piñones
	sal y pimienta
1 c/da	perejil picado

Cueza los ravioles en agua hirviendo con sal. Enjuague al chorro del agua fría. Escurra y deje aparte.

Derrita la mantequilla en una sartén y cocine el ajo hasta que esté blando pero no dorado.

Agregue la albahaca, los piñones y sazone con sal y pimienta. Agregue los ravioles.

Espolvoree perejil y caliente durante unos minutos.

ARROZ CON CURRY

8 porciones

2 c/das	mantequilla	4 tazas	arroz de grano largo
2	cebollas en cubitos	1 taza	pasas sin semillas
3	tallos de apio en cubitos	1½ taza	chícharos cocidos
2 c/ditas	sal	1 taza	almendras rebanadas a lo largo y tostadas
2 c/das	curry en polvo		
8 tazas	(2 L) caldo de pollo		

Caliente la mantequilla en una olla. Agregue las cebollas y el apio; saltee hasta que estén blandos.

Agregue la sal y el curry en polvo; saltee 2 minutos.

Añada el caldo y caliente hasta que suelte el hervor.

Agregue el arroz y cueza a fuego lento, tapado, hasta que esté blando, aproximadamente 20 minutos.

Escurra, incorpore las pasas, los chícharos y las almendras.

Sirva caliente, o refrigere y sirva como ensalada.

ARROZ CON VERDURAS

4 porciones

2 tazas	arroz de cocción rápida			sal y pimienta
1½ taza	agua			perejil
1 c/da	mantequilla			tomillo
1	pizca de sal			sal de cebolla
2 c/das	aceite		½ taza	champiñones rebanados
½ taza	pimiento verde picado		½ taza	apio picado
¼ taza	pimiento rojo picado		¼ taza	mantequilla de ajo

Ponga los primeros 4 ingredientes en un molde para microondas y tápelo.

Cocine en el microondas por 2 minutos en HIGH (Alto).

Revuelva, tape y cocine 3 minutos más. Deje reposar unos minutos.

Caliente el aceite en una sartén, agrege los condimentos y saltee las verduras a fuego medio hasta que estén blandas.

Ponga el arroz en el centro de los platos y acomode las verduras alrededor. Ponga encima la mantequilla de ajo y sirva.

ARROZ CAJUN

8-10 porciones

125 g	(¼ lb) mollejas de pollo		6	cebollitas de Cambray picadas
125 g	(¼ lb) corazones de pollo		125 g	(4 onzas) jamón
125 g	(¼ lb) higaditos de pollo		1 kg	(2¼ lbs) arroz cocido
½ taza	mantequilla		1 c/dita	pimienta de Cayena
1 kg	(2¼ lbs) salchichas picantes		2 c/ditas	sal
1	cebolla española en cubitos		1 c/dita	pimienta
1	pimiento verde en cubitos		1 c/dita	paprika
3	tallos de apio en cubitos			

Hierva las menudencias de pollo en agua con sal hasta que estén cocidas. Escurra y aparte tanto las menudencias de pollo como el caldo.

En una sartén grande, caliente la mantequilla y fría las menudencias. Sáquelas.

Agregue la cebolla, el pimiento verde y el apio. Saltee hasta que estén blandos. Agregue las cebollitas y cueza a fuego lento durante 10 minutos.

Pique el jamón, las menudencias de pollo y las salchichas y añada a las verduras.

Agregue 1 taza del caldo de pollo.

Cueza a fuego lento durante 15 minutos.

Con movimiento envolvente, incorpore el arroz y los condimentos. Sirva.

ARROZ FRITO CON CAMARONES

4 porciones

2 c/das	aceite
2	cebollitas de Cambray finamente rebanadas
1 taza	camarones de pacotilla
1½ taza	(284 ml) champiñones escurridos enlatados
3 c/das	salsa de soya
2 tazas	arroz cocido
	sal y pimienta
1	huevo batido

Caliente el aceite en una sartén y saltee las cebollitas y los camarones durante 3 minutos. Agregue los champiñones, la salsa de soya y el arroz.

Sazone con sal y pimienta y fría durante 5 minutos. Viértale el huevo batido y deje de 3 a 4 minutos más al fuego, revolviendo constantemente.

ARROZ CON NARANJA

6 porciones

3 c/das	mantequilla
½ taza	apio en cubitos
½ taza	cebollitas de Cambray picadas
1½ taza	arroz sin cocer
4 tazas	(1 L) caldo de pollo
2 tazas	jugo de naranja
2 c/ditas	cáscara de naranja rallada
½ c/dita	sal
1 taza	pasas sin semillas
1 taza	almendras tostadas

Precaliente el horno a 180°C (350°F).

Derrita la mantequilla en un molde refractario. Saltee el apio, las cebollitas y el arroz hasta que éste se dore ligeramente.

Agregue el caldo de pollo, el jugo de naranja, la cáscara de naranja, la sal y las pasas. Tape y hornee durante 35 minutos.

Saque del horno e incorpore las almendras. Sirva caliente.

Salsas

SALSA DE VINO BLANCO

1 ¼ taza

3 c/das	mantequilla
3 c/das	harina
½ taza	caldo de pollo

½ taza	crema espesa
½ taza	vino blanco

Caliente la mantequilla en una olla. Agregue la harina y cueza 2 minutos.

Agregue los líquidos y cueza a fuego lento hasta que la salsa espese.

SALSA TERIYAKI

2 tazas

⅓ taza	azúcar morena
1 c/dita	jengibre molido
1 taza	caldo de res

⅓ taza	salsa soya
2 c/das	fécula de maíz
¼ taza	vino blanco

Disuelva el azúcar y el jengibre en el caldo y la salsa soya.

Hierva. Mezcle la fécula de maíz con el vino.

Agregue al caldo.

Cueza a fuego lento hasta que espese.

SALSA CRIOLLA

3 tazas

2	dientes de ajo finamente picados
¼ taza	aceite de oliva
1	cebolla mediana finamente picada
2	pimientos verdes finamente picados
1 ½ taza	champiñones finamente picados
4	tomates grandes sin semillas y picados

½ c/dita	sal
1	pizca pimienta
3	gotas de salsa Tabasco
¼ taza	cebollitas de Cambray picadas
2 c/das	perejil picado

En una sartén, cueza el ajo en el aceite durante 1 minuto.

Añada la cebolla, los pimientos y los champiñones; saltee hasta que las verduras estén blandas.

Incorpore los tomates y cueza a fuego lento hasta que

la salsa se haya reducido y espesado.

Condimente con la sal, la pimienta y la salsa Tabasco.

Antes de servir, incorpore las cebollitas y el perejil.

SALSA ITALIANA

3 tazas

8	tiras de tocineta picadas	1	pimiento verde en cubitos finos
1	cebolla chica en cubitos finos	3 tazas	salsa de tomate
125 g	(4 onzas) champiñones rebanados	¼ taza	jerez
2	tallos de apio en cubitos finos		

Fría la tocineta en una cacerola.

Agregue la cebolla, los champiñones, el apio y el pimiento verde.

Cueza hasta que estén blandos. Escurra la grasa.

Agregue la salsa de tomate y el jerez.

Cueza a fuego lento durante 10 minutos y use según se necesite.

SALSA MORNAY

1¼ taza

2 c/das	mantequilla	¼ c/dita	sal
2 c/das	harina	¼ c/dita	pimienta
½ taza	caldo de pollo	¼ taza	queso parmesano rallado
½ taza	crema espesa		

Derrita la mantequilla en una olla, agregue la harina y revuelva hasta formar una pasta (roux).

Agregue el caldo de pollo, la crema y los condimentos.

Cueza a fuego lento, revolviendo, hasta que espese.

Agregue el queso y cueza a fuego lento 2 minutos más.

SALSA DE FRAMBUESAS

3 tazas

1 kg	(2¼ lbs) frambuesas	3 c/das	jerez
1 c/da	fécula de maíz	4 c/das	azúcar fina

Haga un puré con las frambuesas en el procesador de alimentos. Cuele. Deseche la pulpa y las semillas.

Mezcle 3 tazas del jugo de frambuesa con la fécula de maíz, el jerez y el azúcar.

Caliente lentamente hasta que la salsa espese.

Use según se necesite.

SALSA BÉARNAISE

¼ taza

3 c/das	vino blanco
1 c/da	hojas de estragón secas
½ c/dita	jugo de limón
½ taza	mantequilla
3	yemas de huevo

Combine el vino, el estragón y el jugo de limón en una cacerola pequeña.

A fuego alto, reduzca a 2 cucharadas.

En otra cacerola pequeña, derrita la mantequilla y caliente hasta casi hervir.

Licúe las yemas de huevo.

Sin apagar la licuadora, agregue la mantequilla lentamente.

Apague la licuadora y añada la mezcla del vino.

Licúe sólo hasta que se mezcle.

SALSA BECHAMEL

aproximadamente 2 tazas

½	cebolla
1	hoja de laurel
3	clavos de olor
3 c/das	mantequilla
3 c/das	harina
2 tazas	leche
	sal y pimienta
¼ c/dita	nuez moscada en polvo

Ponga una hoja de laurel en la parte cortada de la mitad de cebolla. Sujétela con un clavo de olor.

Derrita la mantequilla en una olla; agregue la harina y revuelva. Dore 2 minutos, revolviendo constantemente. Añada la leche y la cebolla. Cocine 6 minutos sin parar de revolver.

Saque la cebolla. Sazone la salsa con sal, pimienta y nuez moscada.

Panes

MEDIAS LUNAS

24 medias lunas

30 g	**(1 onza) levadura**
1 taza	**agua tibia**
3 c/das	**azúcar**
3 c/das	**mantequilla**
1 c/dita	**sal**
1	**huevo**
3 tazas	**harina**

Precaliente el horno a 190°C (375°F).

En un tazón grande, disuelva la levadura en el agua con el azúcar. Aparte unos 10 minutos.

Agregue la mantequilla, la sal y el huevo. Incorpore la harina. Amase hasta formar una bola suave y lisa.

Cubra y deje que suba al doble de su volumen. Golpee la masa con el puño para adelgazarla y dé forma de medias lunas.

Coloque en charolas y hornee durante 15 minutos, o hasta que se doren.

PAN DE SALVADO DE AVENA

2 barras

2 tazas	leche muy caliente pero no hervida		1 c/da	levadura seca
¼ taza	azúcar morena bien apretada		½ taza	agua tibia
1 c/da	sal		5 tazas	harina
2 c/das	mantequilla		1	clara de huevo ligeramente batida
2 tazas	salvado de avena		1 c/da	agua fría

Vierta la leche caliente en un tazón grande; incorpore el azúcar morena, la sal, la mantequilla y el salvado de avena. Deje enfriar.

En un tazón pequeño, suavice la levadura en el agua tibia durante 10 minutos.

Combine la mezcla del salvado de avena, la levadura y 2 tazas de harina y bata hasta obtener una mezcla suave.

Siga agregando la harina, 1 taza a la vez, mezclando bien. Amase durante 8 minutos. Coloque en un tazón ligeramente engrasado.

Cubra y deje reposar 1¼ ó 1½ hora hasta que suba. Golpee la masa con el puño para adelgazarla y espere a que suba por segunda vez.

Precaliente el horno a 190°C (375°F).

Coloque la masa en una superficie espolvoreada con harina. Divida en dos; dé forma de barras de pan. Coloque en dos moldes de 22 cm (9 pulgadas) y deje reposar 1 hora hasta a que suban.

Barnice con la clara de huevo mezclada con el agua fría.

Hornee de 35 a 40 minutos.

PAN DE MAÍZ SUREÑO

1 barra

2	huevos
2 tazas	suero de leche
1 c/dita	bicarbonato de sodio
2 tazas	harina de maíz
1 c/dita	sal
1 c/dita	azúcar

Precaliente el horno a 230°C (450°F).

Engrase un molde de 22 cm (9 pulgadas).

Mezcle los huevos con el suero de leche.

En un tazón, cierna juntos todos los ingredientes secos.

Combine la mezcla de leche con los ingredientes secos hasta que la mezcla esté suave.

Coloque en el molde y hornee durante 25 minutos.

Corte en cuadros y sirva muy calientes.

TOSTADAS FRANCESAS

4 porciones

2	**huevos batidos**
1 taza	**leche**
½ c/dita	**vainilla**
1	**pizca de canela**
½ c/dita	**cacao**
8	**rebanadas de pan**
3 c/das	**mantequilla**
	pedacitos de chocolate

Combine en un tazón los huevos, la leche, la vainilla, la canela y el cacao.

Remoje las rebanadas de pan en la mezcla. Escurra. Derrita la mantequilla en una sartén y tueste cada rebanada de pan por ambos lados hasta que se doren.

Espárzales pedacitos de chocolate.

Sirva con miel de maple, miel o jarabe de frutas cocidas.

PAN DE QUESO CON HIERBAS

4 porciones

1	**barra de pan**
½ taza	**mantequilla**
2	**dientes de ajo finamente picados**
½ c/dita	**estragón picado**
½ c/dita	**orégano picado**
½ c/dita	**perifollo picado**
½ c/dita	**albahaca picada**
1 c/dita	**perejil picado**
125 g	**(4 onzas) queso**

Precaliente el horno a 175°C (350°F).

Rebane la barra de pan cada 2 cm (¾ pulgada) sin cortarla completamente.

Derrita la mantequilla en una sartén y saltee el ajo y las hierbas. Deje aparte.

Corte el queso en 20 rebanadas.

Cubra una rebanada de barra con mantequilla de hierbas.

Ponga el queso en la siguiente rebanada y repita la operación en toda la barra.

Envuélvala en papel de aluminio y hornee durante 15 minutos.

PAN DE CHABACANOS

10 a 12 porciones

1½ taza	harina de uso general
⅔ taza	azúcar
½ taza	germen de trigo
1 c/dita	polvo de hornear
¼ c/dita	sal
¼ c/dita	canela
¼ c/dita	nuez moscada
½ taza	mantequilla suave cortada en pedazos
2	huevos
½ taza	crema agria
1 taza	chabacanos secos cortados en cuatro

Precaliente el horno a 175°C (350°F).

Combine en un tazón la harina, el azúcar, el germen de trigo, el polvo de hornear, la sal, la canela y la nuez moscada. Mézclele la mantequilla con un tenedor.

Combine los huevos con la crema agria en un tazón y agréguela a la primera mezcla. Revuelva bien.

Agregue los chabacanos y revuelva.

Unte un poco de mantequilla en un molde y espolvoréele harina. Viértale la pasta y hornee durante 1 hora.

Saque del horno y deje reposar para que se enfríe, de 10 a 15 minutos, antes de desmoldar.

PAN DE PLÁTANOS

10 a 12 porciones

3	plátanos muy maduros
2	huevos
¾ taza	azúcar
2 tazas	harina
½ c/dita	sal
1 c/dita	bicarbonato de sodio
½ taza	nueces picadas

Precaliente el horno a 175°C (350°F).

Machaque los plátanos en un tazón grande.

Agregue los huevos y bata hasta que espumen.

Cierna los ingredientes secos en otro tazón.

Mezcle suavemente en la mezcla espumosa y agregue las nueces.

Engrase ligeramente un molde para pan de 10 x 21 cm (4 x 8½ pulgadas). Viértale la pasta y hornee durante 1 hora.

PAN DE MANZANAS CON PASAS Y NUECES

1 barra

2 tazas	**harina cernida**
1 c/dita	**polvo de hornear**
1 c/dita	**bicarbonato**
½ c/dita	**sal**
½ taza	**mantequilla**
1 taza	**azúcar**

2	**huevos**
2 c/das	**crema agria**
1 c/dita	**vainilla**
½ taza	**nueces picadas**
1 taza	**manzanas peladas y picadas en cubitos**
½ taza	**pasas**

Precaliente el horno a 180°C (350°F).

Cierna juntos la harina, el polvo de hornear, el bicarbonato y la sal.

En otro tazón, acreme la mantequilla con el azúcar. Incorpore los huevos uno por uno.

Añada la crema agria y la vainilla a la mezcla de la mantequilla y mezcle bien.

Agregue la mezcla de la harina y mezcle bien.

Incorpore las nueces, las manzanas y las pasas.

Vierta en un molde engrasado y hornee de 30 a 35 minutos.

Verifique si está cocido insertando un cuchillo. Éste debe salir limpio.

PANQUECITOS DE ZANAHORIA

12 panquecitos

2 tazas	harina		1	pizca clavo molido
¾ taza	azúcar		2	huevos
1 c/dita	polvo de hornear		½ taza	aceite
1 c/dita	bicarbonato de sodio		1 taza	zanahorias ralladas
½ c/dita	sal		1 taza	manzanas peladas y en cubitos finos
1 c/dita	canela		½ taza	nueces
1	pizca pimienta de Jamaica		½ taza	pasas
1	pizca nuez moscada			

Precaliente el horno a 200°C (400°F).

Cierna juntos la harina, el azúcar, el polvo de hornear, el bicarbonato y las especias.

Bata los huevos hasta que queden espumosos; agregue el aceite, las zanahorias, las manzanas, las nueces y las pasas.

Incorpore esta mezcla a los ingredientes secos en forma envolvente.

Mezcle durante 2 minutos.

Engrase 1 molde para 12 panquecitos.

Vierta la mezcla llenando los moldecitos sólo hasta las ¾ partes.

Hornee de 20 a 25 minutos.

Deje enfriar 5 minutos antes de desmoldar.

PANQUECITOS DE ARÁNDANOS

12 panquecitos

1½ taza	harina cernida
2 c/ditas	polvo de hornear
½ c/dita	sal
¾ taza	azúcar
¼ taza	mantequilla
⅔ taza	leche
1 c/dita	vainilla blanca
1 taza	arándanos

Precaliente el horno a 180°C (350°F).

Cierna juntos los ingredientes secos.

Agregue la mantequilla cortándola; añada la leche y la vainilla. Bata durante 3 minutos. Agregue los arándanos en forma envolvente.

Engrase ligeramente un molde para 12 panquecitos, o use moldes de papel para panquecitos.

Llene sólo hasta las ⅔ partes.

Hornee de 30 a 35 minutos, o hasta que se doren.

CUERNITOS DELI

4 porciones

4	**cuernitos**
4	**salchichas ahumadas**
1 c/da	**mostaza de Dijon**
1 taza	**ensalada de col al vinagre escurrida**

Precaliente el horno a 205°C (400°F).

Corte los cuernitos por la mitad. Corte las salchichas en dos a lo largo.

Unte el interior de cada mitad de cuernito con mostaza de Dijon.

Ponga la salchicha cortada por la mitad y una pequeña cantidad de ensalada de col en cada cuernito. Ciérrelo y hornee durante 12 minutos.

CUERNITOS DE ALMENDRAS

4 porciones

4	**cuernitos**
½ taza	**mantequilla de cacahuate**
¼ taza	**almendras rebanadas**
2 c/das	**mantequilla**
12	**dátiles**
1 c/da	**miel líquida**
1 c/da	**almendras tostadas**

Precaliente el horno a 205°C (400°F).

Corte los cuernitos por a la mitad.

Mezcle la mantequilla de cacahuate, las almendras y las mantequilla en el procesador de alimentos. Unte la mezcla uniformemente sobre las mitades de cuernito.

Ponga 3 dátiles partidos por la mitad en cada cuernito.

Ciérrelos y rocíelos ligeramente con la miel.

Caliéntelos en el horno durante 8 minutos.

Sáquelos y espárzales almendras tostadas.

Postres

FRESAS CON CHOCOLATE Y NARANJA

20 piezas

90 g	**(3 onzas) chocolate semiamargo**
1 c/da	**mantequilla derretida**
2 c/ditas	**licor Triple Sec**
20	**fresas de tamaño mediano, con tallos**

Derrita el chocolate al baño María.

Aparte del fuego. Incorpore la mantequilla y el licor.

Lave y seque las fresas.

Pase por el chocolate las ¾ partes de cada fresa. Coloque en un platón forrado con papel parafinado.

Refrigere. Las fresas deben comerse el mismo día.

PASTEL DE FRUTAS

12 porciones

1½ taza	harina de trigo
250 g	(8 onzas) dátiles sin semilla
125 g	(4 onzas) pasas
125 g	(4 onzas) nueces picadas
¼ taza	cerezas cristalizadas rojas y verdes
2	huevos grandes
¾ taza	azúcar
⅓ taza	manteca vegetal
½ c/dita	bicarbonato de sodio
¼ c/dita	clavo en polvo
¾ c/dita	jengibre en polvo
¾ c/dita	canela en polvo
¾ c/dita	nuez moscada en polvo
¾ c/dita	polvo de hornear
½ taza	leche
	ron o coñac

Precaliente el horno a 150°C (300°F).

Forre un molde con papel de estraza untado de mantequilla.

Enharine los dátiles, las pasas, las nueces y las cerezas con ½ taza de harina.

Combine los huevos, el azúcar y la manteca vegetal en el tazón de la batidora y bata 4 minutos.

Cierna los ingredientes secos en otro tazón y agréguelos a la primera mezcla, alternando con la leche.

Agregue poco a poco la mezcla de frutas.

Llene el molde hasta la mitad y hornéelo 1½ hora.

Sáquelo del horno, vierta el ron o coñac sobre el pastel y deje que se enfríe.

Cubra con un lienzo limpio.

Métalo en una bolsa de plástico y guarde 2 semanas en un lugar fresco, lo cual permite que el pan alcance el sabor óptimo, aunque lo puede servir inmediatamente.

PASTEL DE PIÑA VOLTEADO

8 a 10 porciones

3 c/das	mantequilla
2¼ tazas	piña enlatada en rebanadas
¼ taza	cerezas
½ taza	almendras
½ taza	coco rallado
½ taza	azúcar morena
3 c/das	leche
¼ c/dita	jengibre en polvo

⅓ taza	mantequilla
1 taza	azúcar
2	huevos
¾ taza	leche
2 tazas	harina de trigo
1 c/dita	polvo de hornear
1	pizca de sal

Precaliente el horno a 175°C (350°F).

Meta el molde al horno con 2 cucharadas de mantequilla hasta que ésta se derrita y acomode la piña, las cerezas y las almendras sobre la mantequilla.

Revuelva el coco en un tazón con el azúcar morena, 3 cucharadas de leche y el jengibre; vierta todo sobre la fruta. Deje aparte.

Acreme ⅓ taza de mantequilla y agregue gradualmente 1 taza de azúcar.

Incorpore los huevos uno a uno; vierta ¾ taza de leche lentamente mientras sigue revolviendo.

Agregue la harina, el polvo de hornear y la sal. Revuelva bien.

Cubra la fruta con la masa. Hornee aproximadamente 50 minutos.

Una vez que se enfríe, desprenda el pastel de las orillas del molde y voltéelo sobre el platón.

PASTEL DE AYER

8 porciones

4 tazas	pastel sobrante cortado en cubos
2	yemas
1½ taza	azúcar
1 taza	harina de trigo
1 c/dita	polvo de hornear
1½ taza	leche

2 c/das	mantequilla derretida
¼ c/dita	extracto de vainilla
Merengue	
2	claras de huevo
2 tazas	azúcar morena

Precaliente el horno a 175°C (350°F).

Unte de mantequilla un molde de 22 x 32 cm (9 x 12 pulgadas).

Ponga los cubos de pastel sobrante en el molde y deje aparte.

Combine las yemas con el azúcar en un tazón y bata 3 minutos. Agregue la harina y el polvo de hornear y vierta la leche y la mantequilla a la mezcla. Revuelva bien y ponga el extracto de vainilla.

Vacíe la masa sobre los cubos de pastel y hornee 30 minutos. Saque del horno.

Caliente el elemento térmico superior del horno.

Bata las claras con el azúcar morena en un tazón hasta que se formen picos suaves y unte el merengue sobre el pastel o póngalo con una boquilla.

Deje en el horno hasta que dore el merengue.

Sírvalo con salsa de durazno.

TARTA DE NATILLA

6 a 8 porciones

1⅓ taza	leche
3	huevos
⅔ taza	azúcar
1	pizca de sal
½ c/dita	extracto de vainilla
1	pizca de nuez moscada (opcional)
1	corteza para tarta sin hornear

Precaliente el horno a 230°C (450°F).

Entibie la leche en una olla pequeña.

Bata los huevos en un tazón junto con el azúcar y la sal hasta que acremen.

Vierta la leche tibia sobre la mezcla de huevo, revolviendo sin cesar. Agregue el extracto de vainilla y la nuez moscada.

Ponga la corteza en un molde para tarta de 22 cm (9 pulgadas). Viértale el relleno y hornee 10 minutos.

Baje el fuego a 175°C (350°F) y hornee 35 minutos.

Revise después de 20 minutos.

Si está dorando muy aprisa, cubra con papel de aluminio y acabe de hornearla así.

TARTA DE LIMÓN CON MERENGUE

6 a 8 porciones

⅔ taza	azúcar
¼ taza	fécula de maíz
¼ c/dita	sal
1½ taza	agua
2	yemas batidas
2 c/das	mantequilla
2 c/ditas	cáscara de limón cortada en juliana
¼ taza	jugo de limón
1	corteza horneada para tarta

Merengue	
2	claras de huevo
⅛ c/dita	sal
¼ c/dita	azúcar

Precaliente el horno a 160°C (325°F).

Combine el azúcar, la fécula de maíz y la sal en un tazón.

Agregue el agua y cueza al baño María, revolviendo constantemente hasta que la mezcla espese.

Agregue poco a poco las yemas. Cocine y revuelva 2 minutos.

Retire del fuego y agregue la mantequilla, la cáscara de limón y el jugo de limón. Deje que se enfríe.

Vacíe el relleno en la corteza.

Bata las claras con la sal y el azúcar en otro tazón, hasta que esté a punto de nieve. Extienda el merengue sobre el relleno de limón y hornee 15 minutos hasta que se dore. Adorne con cáscara de limón y fruta fresca.

TARTA ESPONJOSA CON DURAZNOS FRESCOS

6 a 8 porciones

¾ **taza**	**azúcar**
1 ½ **taza**	**duraznos en cubitos**
1	**paquete gelatina sin sabor**
¼ **taza**	**agua fría**
½ **taza**	**agua caliente**
1 c/da	**jugo de limón**
1	**pizca de sal**
½ **taza**	**crema batida**
1	**corteza para tarta de 22 cm (9 pulgadas) horneada**

Combine el azúcar con los duraznos en un tazón y deje reposar 30 minutos.

Deje en remojo la gelatina en agua fría en otro tazón y luego disuélvala agregando el agua caliente.

Deje que se enfríe.

Vierta la gelatina sobre los duraznos, agregue el jugo de limón y la sal; revuelva. Refrigere hasta que la mezcla esté a medio cuajar.

Incorpore lentamente la crema batida a la mezcla de gelatina y vierta el relleno en la corteza. Refrigere.

PERAS CON CHOCOLATE

4 porciones

4	peras peladas
2 c/das	jugo de limón
60 g	(2 onzas) chocolate semidulce
1 taza	azúcar glass
2 c/das	crema espesa
1 c/da	ron blanco
	almendras rebanadas

Quite el corazón de las peras y póngalas en un plato; rocíelas con jugo de limón y refrigérelas hasta que las vaya a servir.

Ponga al baño María el chocolate con el azúcar, la crema y el ron. Caliente a fuego medio revolviendo constantemente.

Cuando la salsa espese, sáquela y deje que se enfríe.

Sirva el chocolate sobre las peras y, si le agrada, ponga encima las almendras rebanadas.

Refrigere hasta que cuaje el chocolate y sírvalas.

FRESAS ROMANOFF

6 porciones

¼ taza	brandy de naranja
¼ taza	jugo de naranja
2 c/das	licor Triple Sec
500 g	(1 lb) fresas limpias
½ taza	crema para batir
4 c/ditas	azúcar glass

En un tazón pequeño, combine el brandy, el jugo y el licor Triple Sec.

Corte las fresas por la mitad. Colóquelas en el líquido. Remoje durante 2 horas.

Bata la crema con el azúcar glass.

Coloque las fresas en copas de postre.

Cubra con la crema batida.

DURAZNOS CON COINTREAU

4 porciones

4	**duraznos**
¼ taza	**jugo de limón**
¼ taza	**azúcar**
¾ taza	**agua**
8	**clavos**
1	**raja de canela**
¼ taza	**licor Cointreau**

Precaliente el horno a 120°C (250°F).

Coloque los duraznos en un tazón grande y vierta agua hirviendo sobre ellos. Deje reposar 2 minutos. Pélelos.

Salpique o frote con el jugo de limón.

Disuelva el azúcar en el agua. Agregue los clavos, la raja de canela y el licor. Caliente hasta que hierva.

Coloque los duraznos en un molde refractario.

Vierta el líquido sobre los duraznos.

Hornee durante 20 minutos.

Saque y sirva, o quite la canela y los clavos y refrigere antes de servir.

MANZANAS CRUJIENTES

6 porciones

6	**manzanas grandes rebanadas**
1 c/da	**jugo de limón**
½ taza	**azúcar**
½ taza	**galletas Graham molidas**
½ taza	**nueces de caoba en trozos**
1 c/dita	**canela**
2 c/das	**mantequilla**
⅓ taza	**crema espesa**

Precaliente el horno a 180°C (350°F).

Pique las rebanadas de manzanas con el jugo de limón para evitar que cambien de color.

Coloque en un molde para pay de 23 cm (9 pulgadas).

Combine el azúcar, las galletas, las nueces y la canela.

Espolvoree las manzanas con esta mezcla. Esparza pedacitos de mantequilla.

Hornee de 25 a 30 minutos.

Sirva caliente con 1 cucharada de crema sobre cada porción.

ELEGANTE MOUSSE DE FRESAS

6 a 8 porciones

2 tazas	**leche**
⅓ taza	**agua fría**
2 c/das	**gelatina sin sabor**
5	**yemas**
1 c/da	**vainilla**

½ taza	**azúcar**
1½ taza	**fresas molidas**
1 taza	**crema batida**
	aceite de nuez

Unte con aceite de nuez un molde para gelatina con fondo amovible y déjelo aparte hasta que lo ocupe.

Ponga la leche al fuego hasta que esté caliente pero no hirviendo; déjela aparte. Ponga el agua en un tazón pequeño y espárzale la gelatina. No la revuelva y déjela a un lado.

Ponga en un tazón de acero inoxidable los huevos y la vainilla. Agregue el azúcar y mezcle con una batidora hasta que las yemas formen listones.

Vierta la leche caliente e incorpórela con un batidor. Cocine la mezcla al baño María.

Revuelva constantemente y retire del fuego cuando la mezcla esté lo bastante espesa para cubrir el dorso de una cuchara.

Incorpore la gelatina a la mezcla cocida. Refrigere 35 minutos y revuelva 2 ó 3 veces.

Agréguele las fresas y vuelva a poner el tazón en el refrigerador. Sáquelo cuando la mezcla esté parcialmente cuajada.

Agréguele la crema batida y póngalo en el molde para gelatina. Refrigérelo 12 horas. Saque la mousse del molde y adórnela a su gusto.

FLAN DE FRUTAS

8 porciones

4	**huevos ligeramente batidos**
½ taza	**azúcar**
¼ c/dita	**sal**
¼ c/dita	**extracto de vainilla**
2 tazas	**leche**
	fruta fresca

Precaliente el horno a 150°C (300°F).

Combine los huevos en un tazón con el azúcar, la sal y el extracto de vainilla.

Ponga la leche en una olla pequeña y deje que la leche se caliente a fuego muy suave.

Viértala a la mezcla de huevo revolviendo bien.

Vacíe la mezcla en 8 moldecitos refractarios y póngalos en un molde para horno con 2,5 cm (1 pulgada) de agua caliente. Hornee de 50 a 60 minutos. Pruebe si ya está cocido insertando una hoja de cuchillo en el centro del flan. La hoja debe salir limpia.

Saque los flanes del molde y sírvalos con fruta fresca (fresas, frambuesas, arándanos y zarzamoras).

GALLETAS DE ZANAHORIA

3 docenas

½ **taza**	**mantequilla**
1	**huevo batido**
1 **taza**	**puré de zanahoria**
1 **c/dita**	**extracto de vainilla**
½ **taza**	**azúcar**
1 **taza**	**azúcar mascabado**
2 **tazas**	**harina de trigo**
1½ **c/dita**	**polvo de hornee**
½ **c/dita**	**sal**
¾ **taza**	**pasas**

Precaliente el horno a 175°C (350°F).

Unte con mantequilla una charola para galletas.

Acreme la mantequilla en un tazón y agregue el huevo, el puré de zanahoria y el extracto de vainilla. Revuelva.

Cierna los ingredientes secos en otro tazón.

Agréguelos a la primera mezcla y revuelva hasta que acremen.

Agregue las pasas.

Ponga la masa con una cuchara en la charola para galletas y hornee 15 minutos.

GALLETAS FÁCILES

2 docenas

½ **taza**	**mantequilla**
⅔ **taza**	**azúcar**
1	**huevo**
2 **tazas**	**harina**
⅓ **c/dita**	**bicarbonato de sodio**
½ **c/dita**	**canela**
½ **c/dita**	**nuez moscada**
1	**pizca de sal**

Acreme la mantequilla con el azúcar. Agregue el huevo. Agregue el resto de los ingredientes.

Mezcle bien y dé forma de rollo; envuelva en papel parafinado.

Refrigere de 4 a 6 horas o congele.

Precaliente el horno a 180°C (350°F).

Desenvuelva el rollo y corte en 24 rodajas.

Hornee en una charola para galletas ligeramente enmantequillada durante 15 minutos.

JAMONCILLO DE CARAMELO

25 cuadritos

1 taza	**azúcar mascabado**
1 taza	**azúcar**
1 taza	**crema espesa**
1 c/dita	**extracto de vainilla**
1 c/da	**mantequilla**
½ taza	**nueces picadas (opcional)**

Combine el azúcar mascabado, el azúcar y la crema en un recipiente hondo para microondas. Cocínelo en control HIGH (Alto) durante 11 minutos.

Mientras se cocina, revuélvalo dos veces.

Agregue el extracto de vainilla y la mantequilla y bata hasta que la mezcla espese.

Agregue las nueces y unte la mezcla en un molde enmantequillado.

Córtelo en cuadros y deje que se enfríe.

Si desea que el jamoncillo sea más cremoso, agréguele de 4 a 5 malvaviscos antes de batirlo.

DULCE DE CHOCOLATE CON NUECES

12-16 cuadritos

250 g	**(8 onzas) chocolate amargo**
3 tazas	**azúcar**
¾ taza	**leche condensada azucarada**
½ taza	**miel de maíz**
3 c/das	**cacao en polvo**
¼ taza	**mantequilla**
1 taza	**nueces en trozos**

Derrita el chocolate al baño María.

En una olla gruesa, mezcle el azúcar, la leche, la miel de maíz y el cacao.

Caliente a 114°C (238°F) según el termómetro para dulces. Cueza durante 5 minutos.

Aparte del fuego y deje enfriar a 43°C (110°F).

Incorpore el chocolate derretido, la mantequilla y las nueces.

Vierta en un molde cuadrado de 20 cm (8 pulgadas) ligeramente enmantequillado.

Deje enfriar completamente. Corte en cuadritos.

CRÈME BRÛLÉE

6-8 porciones

8	**yemas de huevo**
¼ taza	**azúcar**
4 c/ditas	**fécula de maíz**
4 tazas	**(1 L) crema espesa**
½ c/dita	**canela**
1 c/dita	**vainilla**
1 c/dita	**cáscara de limón amarillo rallada**
2 tazas	**azúcar morena bien apretada**

Bata las yemas con el azúcar y la fécula de maíz en una cacerola, a fuego bajo.

Lentamente incorpore la crema. Agregue la canela, la vainilla y la cáscara de limón. Cueza a fuego lento durante 10 minutos, revolviendo constantemente.

Vierta en moldes; deje enfriar. Refrigere hasta que cuaje.

Caramelice el azúcar morena.

Desmolde la crema en platos individuales.

Vierta el azúcar caliente y sirva inmediatamente.

Bebidas

PONCHE HAWAIANO

1 porción

½ taza	jugo de mango
¼ taza	jugo de naranja
¼ taza	jugo de piña
1 c/dita	granadina
1	rebanada de piña fresca

Vierta los jugos sobre ¼ taza (2 onzas) de hielo picado en un vaso grande para bebidas.

Vierta la granadina sobre los jugos. Adorne con la rebanada de piña.

CAFÉ MOKA

6 porciones

1 taza	**chocolate semiamargo rallado**
1¼ taza	**crema espesa**
3 tazas	**café caliente recién hecho**
⅓ taza	**miel**
2 c/ditas	**vainilla**
1½ taza	**crema para batir batida**

Derrita el chocolate al baño María. Agregue la crema espesa, el café, la miel y la vainilla. Caliente 5 minutos.

Vierta en 6 tazas de café. Cubra con crema batida.

CAFÉ VANDERMINT

1 porción

½ taza	**(4 onzas) café**
1 cl	**(¼ onza) licor Crema de Cacao**
3,5 cl	**(1¼ onza) licor Vandermint**
¼ taza	**crema para batir batida**
1 c/da	**chocolate dulce rallado**

Vierta el café y los licores en una taza de café.

Cubra con crema batida y chocolate rallado.

TÉ DE ARÁNDANO

1 porción

¾ taza	**(6 onzas) té negro caliente, recién hecho**
⅛ taza	**(1 onza) Amaretto**
⅛ taza	**(1 onza) licor de arándano**

Vierta el té sobre los licores en una copa de brandy.

Sirva inmediatamente.

LECHE MALTEADA DE CHOCOLATE Y MENTA

4 porciones

½ taza	azúcar
2 tazas	leche
1 c/da	cacao en polvo
1 c/dita	extracto de menta
2 tazas	helado de chocolate

Disuelva completamente el azúcar en la leche. Incorpore el cacao en polvo y el extracto de menta.

Batiendo, agregue el helado. Sirva la leche malteada muy fría.

CHOCOLATE FRANCÉS

4 porciones

43 g	(1½ onza) chocolate semiamargo
3 c/das	jarabe de maíz
2 c/das	agua
¼ c/dita	vainilla
1 taza	crema ligera
2 tazas	leche

Derrita el chocolate al baño Maria. Agregue el jarabe de maíz, el agua y la vainilla.

Caliente la crema y la leche en una olla. Batiendo, agregue la mezcla de chocolate. Sirva caliente.

BEBIDA DE TOMATE Y MELÓN

aproximadamente 4 tazas

8	tomates pelados y sin semillas
1	melón pelado y sin semillas
2 c/das	jugo de limón
1	pizca de pimienta de Cayena
½ c/dita	salsa inglesa
1	pizca de sal
1 c/dita	paprika
	hielo frappé

Licúe todos los ingredientes excepto la paprika y el hielo frappé; agite y sirva en vasos con hielo frappé y espolvoree paprika.

Sirva con tomates miniatura y bolitas de melón ensartados en un palillo.

CAFÉ BRULOT

4 porciones

1	cáscara de limón amarillo
1	naranja
20	clavos
4	rajas de canela
⅓ taza	(3 onzas) brandy
⅓ taza	(3 onzas) Grand Marnier
4 tazas	(1 L) café cargado recién hecho

Ralle la cáscara de limón. Pele la naranja en una espiral larga.

Mezcle los clavos, la cáscara de limón y las rajas de canela en una pequeña sartén de mesa. Coloque a fuego lento.

Caliente un cucharón en el fuego. Vierta el brandy y el Grand Marnier en el cucharón caliente.

Ensarte la cáscara de naranja en un tenedor. Sostenga la cáscara de la naranja encima de la sartén.

Vierta lentamente los licores sobre la cáscara mientras estén flameando.

Agregue el café y cueza a fuego lento durante 5 minutos.

Cuele, vierta en tazas pequeñas y sirva.

TÉ HELADO CON LIMÓN

6-8 porciones

6 tazas	(1,5 L) agua
1 c/dita	clavo molido
1 c/dita	canela
3 c/das	té negro
4 c/das	jugo de limón
½ taza	azúcar

Hierva el agua y agregue los otros ingredientes.

Deje hervir durante 3 minutos.

Pase por un colador de té. Refrigere.

Sirva sobre hielo.

TEQUILA SUNRISE

1 porción

3,5 cl	**(1¼ onza) tequila**
¼ taza	**(2 onzas) jugo de naranja**
⅛ taza	**(1 onza) jugo de limón**
½ c/dita	**granadina**
1,5 cl	**(½ onza) crema de casis**

En un vaso pequeño, coloque ¼ taza (2 onzas) de hielo picado.

Vierta la tequila, el jugo de naranja y el jugo de limón sobre el hielo. Al final, vierta la granadina y la crema de casis.

CUBA LIBRE

1 porción

3,5 cl	**(1¼ onza) ron añejo**
½ taza	**(4 onzas) refresco de cola**
1	**rodaja de limón verde**

Vierta el ron y el refresco de cola en un vaso jaibolero lleno de hielo.

Exprima el limón y colóquelo dentro de la bebida.

SOL CALIFORNIANO

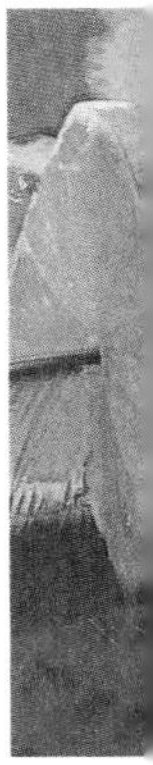

1 porción

⅓ taza	**(3 onzas) jugo de naranja fresco**
⅓ taza	**(3 onzas) vino rosado**
⅛ taza	**(1 onza) licor de durazno**

Vierta el jugo, el vino y el licor en una coctelera con hielo picado.

Agite bien; cuele y vierta en una copa de champaña.

RUSO NEGRO

1 porción

2 cl	**(¾ onza) vodka**
2 cl	**(¾ onza) Kahlúa**
1	**cereza marrasquino**

Vierta los licores sobre hielo en un vaso corto.

Adorne con una cereza.

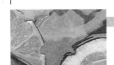

SANGRÍA

6-8 porciones

4 tazas	**(1 L) vino tinto**
½	**limón amarillo**
6	**duraznos pelados y rebanados**
1	**naranja en rodajas**
½	**limón verde**
2 tazas	**jerez dulce**

Combine todos los ingredientes en una jarra. Refrigere durante 4 horas.

Sirva la sangría muy fría sobre hielo.

ZOMBIE

1 porción

2 cl	**(¾ onza) ron blanco**
2 cl	**(¾ onza) ron Myers**
2 cl	**(¾ onza) ron añejo**
⅛ taza	**(1 onza) jugo de limón amarillo**
⅛ taza	**(1 onza) jugo de naranja**
⅛ taza	**(1 onza) jugo de limón verde**
½ c/dita	**granadina**
1,5 cl	**(½ onza) brandy de cereza**
1	**cereza marrasquino**

Vierta los tres tipos de ron, así como los jugos, sobre hielo picado en un vaso grande para zombie.

Vierta la granadina y el brandy sin revolver para que floten. Adorne con una cereza.

SLING

1 porción

3,5 cl	**(1¼ onza) licor**
⅛ taza	**(1 onza) jugo de limón verde**
⅛ taza	**(1 onza) jugo de limón amarillo**
¼ taza	**(2 onzas) jugo de naranja**
1,5 cl	**(½ onza) brandy de cereza**
½ c/dita	**granadina**

Mezcle el licor y los jugos en un vaso alto, lleno hasta la mitad de hielo picado.

Al final, vierta el brandy y la granadina sin revolver para que floten.

KIR ROYAL

1 porción

⅔ **taza**	**(6 onzas) champaña**
1,5 cl	**(½ onza) licor de zarzamora**
1,5 cl	**(½ onza) casis**

En una copa de champaña, vierta la champaña, el licor de zarzamora y el casis.

Revuelva y sirva.

GIN FIZZ

1 porción

½ **c/dita**	**azúcar**	**3,5 cl**	**(1¼ onza) ginebra**
3 cl	**(1 onza) jugo de limón amarillo**	¼ **taza**	**(2 onzas) soda o agua mineral**
3 cl	**(1 onza) jugo de limón verde**		

Disuelva el azúcar en los jugos de fruta.

Vierta la ginebra y los jugos en una coctelera con hielo picado.

Revuelva. Cuele y vierta en una copa de cóctel.

Agregue la soda o el agua mineral. Sirva.

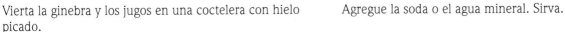

Índice

Nomenclatura

1 taza 8 onzas, 250 ml

acitronar sofreír la cebolla hasta que esté transparente

acremado cremoso

acremar batir

aderezo vinagreta

aguacate palta, avocado, pagua, aguacali

alubias fríjol blanco, blanquillos, judía blanca seca

alverjón arvejas secas, guisantes majados

ancas de rana patas de rana

ayocote fríjol rojo

azúcar glass azúcar pulverizada

bayas frutillas

betabel remolacha

beurre manié mantequilla amasada

bistec bife, bisté, fajita

bola babilla

botana entremés, bocadillo, pasabocas, pasapalo

bouquet garni ramillete de hierbas, manojo de hierbas de olor

brochetas chuzos, alambres

brócoli brécol, bróculo

cacahuete cacahuate, maní

camarones de pacotilla pequeños camarones

carnero cordero

cebollín cebolleta

cebollíno cebollas pequeñas

cebollita de Cambray cebolla de tallo largo, cebolla larga

cilantro coriandro, culantro

clamato jugo de tomate y jugo de almejas

col repollo

col de Bruselas repollo de Bruselas, colecitas de Bruselas

crema ácida crema agria

crepas panqueques

cuete lonja de carne del muslo

chabacano albaricoque

chalotes cebollas pequeñas

chambarete corte en la parte superior de la pata delantera

chayotes zapallo, espinoso

chícharos arvejas, alverjas, guisantes

chile ají

chirivías pastinacas, variedad de nabo

chispas pedacitos de chocolate

choux repollitas

chutney salsa, generalmente de mango

desglasar desglasear

dip moje, salsa

ejotes habichuelas, porotos verdes, judías

el sazón la sazón

elote maíz

elotes mazorcas, choclos

empanizar apanar, empanar, rebozar con pan

entrecot lomo

escalopas escalopes, tajadas

escarola rizada

floretes gajos

frijoles fríjoles, porotos

gajos trozos

gallina de Guinea pintada

gravy salsa para carne

guarnición acompañamiento de un plato

hielo frappé hielo machacado

hollejo membrana blanca de los cítricos

hongos setas, champiñones

huacal caja torácica del ave

jitomate tomate

lechuga orejona romana

lechuga romanita batavia

malvaviscos «marshmallows», golosina de merengue blando

manitas de cerdo paticas de cerdo

manojo de hierbas de olor laurel, tomillo y perejil

manta de cielo gasa

martajado medio picado

martajar machacar

mascabado azúcar mascabado, azúcar morena

melocotón durazno

miel de maple jarabe de arce, miel de arce

osso-buco caracú con carne

ostiones ostras

palotear amasar

panqué ponqué

papillote plato cocido y servido en un sobre de papel parafinado o de aluminio

pay pie, tarta

pierna de pollo o pavo, muslo

plátano banano, banana, guineo

platón fuente, bandeja

roles bollos

rosbif lomo alto

sellar soasar, dorar, freír (poco tiempo)

semilla pepa, pepita

sirloin lomito

tapa de res anca

tibón corte de carne del lomo

tocineta tocino ahumado

tortilla de huevo omelette

tortilla arepa

vainitas de chícharo chícharo chino, guisantes o arvejas mollar